WER NICHT HANDELT, WIRD BEHANDELT.

RAINER BARZEL

MEINE SEELE HAT FLÜGEL

Irmgard Grunwald

Irmgard Grunwald litt 17 Jahre lang an ALS, war zum Schluss fast vollständig gelähmt, musste beatmet werden und war in allem auf Hilfe angewiesen. Trotzdem konnte sie dank technischer Hilfsmittel bis zum Schluss als Autorin arbeiten.

WENN ICH EIN AUTO WÄRE ...

Der Apostel Paulus hat den menschlichen Körper bisweilen mit einem Zelt oder einer Hütte verglichen. Ich stelle mir manchmal vor, ich wäre ein altes Auto.

Wenn mein Körper ein Auto wäre, dann wäre es nicht mehr verkehrstüchtig; zu viele Einzelteile sind inzwischen kaputt und nicht mehr zu reparieren:

Die Reifen sind platt; mein Auto kann nur noch vorsichtig im Schritttempo bewegt werden.

Die Karosserie ist verbeult; an vielen Stellen, vor allem am Dach, ist der Lack abgeplatzt.

Die Fenster sind undicht, und einige Scheiben sind verdreckt und fast blind.

Die Heizung funktioniert überhaupt nicht mehr, und die Lüftung hat ständig Aussetzer.

Die Benzinleitung tropft, und der Auspuff – na ja …

Der Tankdeckel klemmt, und die Hupe ist ramponiert.

Der Motor allerdings läuft noch, und auch die Elektronik ist noch tadellos in Ordnung!

Am allerbesten funktioniert das Navi: Es ist auf das Reiseziel programmiert und ist gänzlich unbeeindruckt vom desolaten Zustand des Gefährts. Unbeirrt zeigt das Navi den richtigen Weg.

Und ich sitze in meinem Auto fest und wünsche mir, dass das Ziel schon hinter der nächsten Wegbiegung liegt. Ab und zu rüttele ich vorsichtig an den Türen, aber sie sind verschlossen.

Doch ich weiß ganz genau: Irgendwann kommt ER, der mich aus diesem Totalschaden rettet, und dann bin ich endlich am Ziel meiner Reise und bekomme ein wunderbar neues und voll funktionsfähiges Auto. Danach sehne ich mich von Tag zu Tag mehr …

Ich bin eingeschlossen und kann nicht herauskommen. Mein Auge verschmachtet vor Elend. Zu dir rufe ich, HERR, den ganzen Tag. (Psalm 88,9-10*)

Doch während ich noch unterwegs bin, versuche ich, meine Zeit weiterhin sinnvoll zu nutzen. Und wenn mein „altes Auto" zwischenzeitlich stillgelegt wird, dann wird die Menschheit auch ohne meine Beiträge klarkommen. Ich selbst werde dann jedenfalls mit Sicherheit nichts vermissen!

HAUPTSACHE GESUND?!?

Ich hänge wieder einmal in meinem „Patientenlifter" – seit vielen Jahren gehört dies durchschnittlich drei- bis viermal täglich zu meinem Leben: Jedes Mal, wenn ich vom Bett in den Rollstuhl, vom Rollstuhl zur Toilette „umsteigen" will, sorgt dieses Gerät dafür, dass die Prozedur schonend für mich und meine Pflegekräfte verläuft.

Ich komme mir dabei vor wie ein Kopf mit angehängtem Sandsack: Denn der Kopf – meine Gefühle, meine Gedanken und meine sehnsüchtigen Wünsche – funktioniert nach wie vor ohne Einschränkungen. Doch die Beine baumeln ohne Kontrolle, die Arme hängen einfach herunter, mein Körper wird von einem sogenannten „Umsetzgurt" passiv gestützt.

Zu gern würde ich mein Leben wieder selbst in den Griff kriegen: Nicht länger meinen Pflegekräften oder der Schwerkraft „ausgeliefert" zu sein – das muss herrlich sein!

Und dennoch: Ich bin fest davon überzeugt, dass mein Herr und Gott keinen Fehler macht – auch meine Krankheit hat einen Sinn, Gott führt mein Leben zu einem Ziel, darauf verlasse ich mich seit mehr als 25 Jahren. Damals hatte ich eine Bibel in die Hand bekommen und voller Neugier darin gelesen. Ich sah mich vor eine Entscheidung gestellt: Entweder ist dieses alte Buch nur eine Sammlung von Geschichten und heutzutage völlig überholt oder es stimmt, was in der Bibel über Jesus Christus steht – dann muss ich mein ganzes Leben darauf aufbauen! Nach einiger Bedenkzeit habe ich mich für Jesus Christus entschieden.

Er hat mir kein sorgenfreies Leben, keine heile Welt versprochen; seit ich krank wurde, ist mir das ständig schmerzlich bewusst. Und trotzdem habe ich den „Himmel auf Erden"! Können Sie sich das vorstellen? Durch meine persönliche Beziehung zu Jesus Christus weiß ich: Körperliche Gesundheit ist längst nicht alles, aus Gnade hat Gott mir das ewige Leben geschenkt! In meiner jetzigen Situation tröstet mich dieses Wissen und gibt mir Kraft für meinen Alltag mit all seinen Beschränkungen – und im Hinblick auf meine Zukunft freue ich mich auf den Himmel! Dann werde ich endlich meinen Herrn sehen, seinen Plan mit mir verstehen und ihm unendlich danken!

»Wenn mein Körper ein Auto wäre, dann wäre es nicht mehr verkehrstüchtig; zu viele Einzelteile sind inzwischen kaputt und nicht mehr zu reparieren.«

»Wir müssen zwischen Leiden und Verzweifeln unterscheiden. Ein Leiden mag unheilbar sein, aber der Patient verzweifelt erst dann, wenn er im Leiden keinen Sinn mehr sehen kann.«

Viktor Frankl

WO IST GOTT

IN DIESER

WELT?

Und was ist mit COVID-19?

John C. Lennox

John Lennox ist emeritierter Professor für Mathematik der University of Oxford. Er hat sich besonders mit dem Verhältnis von Wissenschaft und Glauben befasst und öffentlich mit Vertretern des Neuen Atheismus diskutiert (u. a. Richard Dawkins). Durch zahlreiche Vorträge auf Tagungen und Konferenzen ist er auch in Deutschland gut bekannt. www.johnlennox.org

HÄTTE GOTT NICHT …?

Hätte Gott nicht eine Welt ohne virale Krankheitserreger schaffen können?

Man könnte eine ganze Menge ähnlicher Fragen stellen. Hätte Gott nicht Elektrizität schaffen können, die ungefährlich ist, oder Feuer, das nichts verbrennt? Hätte Gott die ökologische Welt nicht ohne Raubbau schaffen können? Hätte Gott nicht ein Leben schaffen können, in dem nichts schiefläuft, und Viren, die ausschließlich nützlich sind? Hätte Er nicht Lebewesen schaffen können, die nie etwas Falsches tun? (Auch wenn das Coronavirus sehr ernst ist, werden sich dieses Jahr wohl mehr Menschen gegenseitig umbringen als durch das Coronavirus sterben.)

Die letzte dieser Fragen lässt sich möglicherweise noch eher beantworten als die anderen. Die Antwort ist natürlich:

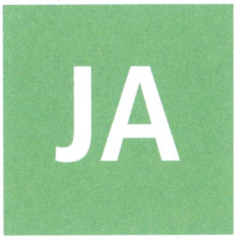

JA

Gott hat durchaus Dinge geschaffen, die niemals etwas moralisch Falsches tun. Tiere beispielsweise sind keine moralischen Wesen. Wenn ein Löwe einen Zoowärter zerfleischt, wird er nicht wegen Mordes angeklagt. Er ist ein nicht-moralisches Wesen. Gott hätte eine Welt aus Robotern schaffen können, die ihren eingebauten Programmen ganz automatisch folgten. Aber wir Menschen wären nicht Teil einer solchen Welt gewesen. Genau genommen wünschen sich Menschen, die in einer Welt ohne die Eventualität des Bösen wohnen wollen, tatsächlich, selbst nicht mehr zu existieren. Das liegt daran, dass eine der größten Gaben, die Gott uns gegeben hat, der freie Wille ist. Wir haben die Fähigkeit, „Ja" oder „Nein" zu sagen, und das eröffnet uns wunderbare Möglichkeiten: Liebe, Vertrauen und echte Beziehungen zu Gott und zu einander. Diese wunderbare und gute Fähigkeit ermöglicht es uns jedoch auch, Böses zu tun, auch wenn sie es nicht billigt.

Das ist ein sehr wichtiger Punkt. Um das zu erklären, unterscheiden Theologen zwischen Gottes zulassendem Willen – der Tatsache, dass Gott ein Universum geschaffen hat, in dem es möglich ist, Böses zu tun – und Gottes bestimmendem (oder lenkendem) Willen – den Dingen, die Gott aktiv tut.

Das Neue Testament sagt klar, dass Gott niemals der Ursprung des Bösen ist – es ist also in der Welt, die Er geschaffen hat, existent, aber entspricht nicht seiner Vorstellung für die Welt.

KATASTROPHEN = GERICHT GOTTES?

Die Lehre des Christentums besagt, dass nicht alle Katastrophen und Krankheiten ein Gericht Gottes sind (wie bei Hiob), einige aber schon. Der frühchristliche Führer Paulus schrieb der christlichen Gemeinde in Korinth, dass einige von ihnen infolge des Gerichtes Gottes krank waren: Gott wollte, dass sie Buße über eine unmoralische Lebensweise taten. Paulus schrieb aber inspiriert durch Gottes Geist und hatte daher besondere Einsicht. Wir dagegen haben nicht die Autorität zu beurteilen, wer auf diese Weise gestraft wird. Hüte dich vor jedem, der natürlich verursachtes Leid als göttliches Gericht deutet. Lass dir aber auch nicht einreden, dass Gott durch diese Pandemie nichts zu sagen hätte, insbesondere westlichen Gesellschaften, die sich weitgehend von Gott als kulturell irrelevant abgewandt haben.

„SO WIE ES IN DER SCHÖPFUNG GUT UND BÖSE GIBT UND IN DER MENSCHHEIT IM ALLGEMEINEN, SO GIBT ES GUTES UND BÖSES IN JEDEM VON UNS. AUCH WIR SIND TEIL DES PROBLEMS."

Im Christentum ist diese Lösung wieder einmal das Kreuz und die Auferstehung Jesu. Diese Ereignisse zeigen uns nicht nur das Problem des Bösen und des Leids, sondern auch eine Lösung des Gerechtigkeitsproblems. Wir sehen darin, was der Name „Jesus" bedeutet – „Er wird sein Volk erretten von ihren Sünden" (Matthäus 1,21°). Aufgrund des Todes und der Auferstehung Jesu werden die, die Buße tun (Buße bedeutet „Umkehr"), Vergebung ihres eigenen Bösen und ihres Beitrags zu menschlichem Schmerz und Leid erhalten. Sie bekommen Frieden mit (dem persönlichen) Gott, der das Universum erschaffen hat und aufrechterhält, ein neues Leben mit neuer Kraft und das Versprechen einer zukünftigen Welt, in der es kein Leid mehr geben wird. In dieser Hinsicht ist das Christentum einzigartig. Ganz einfach, weil keine andere Philosophie oder Religion ewige Vergebung und Frieden mit Gott anbietet, den man bereits in diesem Leben erfahren kann. Ein Christ ist also nicht ein Mensch, der das Problem des Leids gelöst hat, sondern jemand, der gelernt hat, einem Gott zu vertrauen und Ihn zu lieben, der für ihn gelitten hat.

DIE LÖSUNG FÜR DAS PROBLEM DES BÖSEN

Tatsächlich ist es viel einfacher, das Böse bei anderen zu sehen und nicht bei uns selbst. Wenn wir also darüber nachdenken, wie Gott eingreifen sollte, würden die meisten von uns vorschlagen, dass Gott die bösen Menschen um uns herum beseitigen sollte, aber doch nicht uns! Schließlich sind wir nicht so böse wie die anderen.

Die Bibel lehrt jedoch, dass „alle gesündigt haben und die Herrlichkeit Gottes nicht erreichen." Wir schaffen es nicht einmal, unsere eigenen moralischen Standards einzuhalten, geschweige denn die Gottes – wir müssen uns nur einmal die Zehn Gebote anschauen. Wir alle brauchen deshalb eine Lösung für das Problem der Sünde und Schuld, die zwischen uns und Gott steht, ob wir uns dessen bewusst sind oder nicht.

»*Sobald wir begriffen haben, dass wir unvollkommen sind, wäre eine realistischere, sachlichere Formulierung des Problems des moralisch Bösen eher folgende: ›Ich denke und tue Böses. Wenn es also einen Gott gibt, warum duldet er mich?‹*«

John C. Lennox

„GOTT – ES REICHT!"

Georg Klappert

Mit sechs verlor ich meine Mutter an einer seltenen Krankheit. Damals habe ich Gott gefragt: „Was soll das? Wieso nimmst du mir meine Mutter?" Als ich 14 war, wurden weitere Bezugspersonen, die ich als Teenager so dringend brauchte, mitten aus dem Leben gerissen. Die einzige Verbindung zum christlichen Glauben war zu dieser Zeit der Konfirmationsunterricht, auch wenn ich mich nicht wirklich dafür interessierte. Schließlich hatte Gott mir meine Mutter genommen. Ich kam auch ohne ihn gut klar, hatte meinen Sport, meine Freundin, meine Kumpels.

Als ich mein Abi bestanden hatte und ein Jobangebot bekam, war das für mich ein weiterer Beweis: „Gott, die Welt ist rational erklärbar, und jeder ist auf sich allein gestellt! Es läuft auch ohne dich!" Dann geschah allerdings etwas, mit dem ich nicht gerechnet hatte: Ich traf meine heutige Frau! Es war Liebe auf den ersten Blick! Bis zu diesem Zeitpunkt dachte ich, dass ich meine bisherige Freundin wirklich von Herzen liebte. Dann musste ich nach Neuseeland – für mehrere Monate. Als ich wieder in Deutschland war, sah ich zufällig meine neue Bekannte auf der Straße. Ich konnte mich einfach nicht entscheiden: Ich konnte mich doch nicht ernsthaft mit einer Frau einlassen, die dem Gott, den es für mich nicht (mehr) gab, so nahestand! Und doch tat ich es. Meine neue Freundin verstand, warum ich Gott nicht als liebenden Vater sehen konnte. Sie versuchte mir zu zeigen, dass es Gott wirklich gibt. So richtig glauben wollte ich das nicht. Es dauerte weitere drei Jahre, bis ich so weit war, Gott mein Leben zu übergeben. Auch heute verstehe ich noch nicht alles, doch ich versuche, das Leid aus Gottes Sicht zu sehen. Er ist der einzige Vater, der wirklich über den Dingen steht. Ich durfte ihn kennenlernen und weiß auch, dass all das Leid im Himmel ein Ende haben wird. Das hier ist nicht mein Zuhause, sondern eine „Übergangsstation" in eine Ewigkeit, in der Gott alle unsere offenen Fragen beantworten wird.

Egal, welche Last du mit dir herumschleppst: Du wirst sie nicht loswerden, bis du Jesus das Steuer übergibst. Er wird aus deinem Leben das Beste machen. Hab Vertrauen in den einen, unfehlbaren Vater.

Georg Klappert, geb. 1988, wohnt mit seiner Frau Jana und seinen zwei Kindern (4 und 0) in Haiger. Er ist studierter Betriebswirt (FH) und Bereichsleiter bei einem Intralogistik-Hersteller. Seit er Jesus 2014 kennenlernte, ist er aktives Mitglied der FeG Steinbach.

HOFFNUNG IN NOTVOLLER LAGE

Hildegard Boshard

Hildegard Boshard, Jg. 1948, Einzelhandelskauffrau, seit 51 Jahren verheiratet, zwei Kinder, fünf Enkel, zwei Urenkel. Als Managerin der Familie versorgte sie Haus und Hof, pflegte die Eltern und arbeitete als Christin im Kindergottesdienst und im Frauenkreise der Gemeinde mit.

Mit sehr ernsten Worten bestätigte der Radiologe einen Bandscheibenvorfall, doch die gesamte Diagnose fiel dramatischer aus. Der Arzt entdeckte ein übergroßes Nierenkarzinom – Krebs! Der „Zufallsfund" löste bei den behandelnden Ärzten große Betriebsamkeit aus. Kurze Zeit später stand die Operation bevor. Am Vorabend erklärte der Chefarzt den OP-Ablauf des folgenden Tages. Er verabschiedete sich mit den beruhigenden Worten: „Und jetzt begeben Sie sich ganz in meine Hände."

„Entschuldigen Sie, Herr Doktor, das möchte ich nicht." Großes Entsetzen! „Nein, ich lege mein Leben in Gottes Hand. Er ist meine Hoffnung – aber ich werde mit meiner Familie für Sie beten, dass Gott Ihnen Gelingen für den operativen Eingriff schenkt."

„Aber die auf den HERRN hoffen, gewinnen neue Kraft, sie heben die Schwingen empor wie die Adler, sie laufen und ermatten nicht, sie gehen und ermüden nicht" (Jesaja 40,31*). Gott erhörte unsere Gebete. Nach sieben Jahren ohne Krebs kann ich bestätigen, dass mein hoffnungsvolles Vertrauen auf das Handeln Gottes sich ausschließlich auf die persönliche Beziehung zu Jesus Christus gründet. Gott möchte den Menschen diesen vertrauenden Glauben schenken, wenn sie ihn darum bitten. Der Fisch lebt im Wasser, der Vogel lebt in der Luft und ein Christ lebt im Glauben (Wilfried Plock). Das ist sein Lebenselement. Dieser vertrauende Glaube ist etwas Dynamisches und bewährt sich in notvollen Situationen.

Ich schreibe diese Zeilen mit großem Respekt vor den Menschen, die zurzeit schwere Krankheiten mit Gottes Hilfe ertragen.

»Seid gewiss: Ich bin jeden Tag bei euch bis zum Ende der Zeit!«

Matthäus 28,20

Da sagte Jesus: „Ich bin die Auferstehung und das Leben. Wer an mich glaubt, wird leben, auch wenn er stirbt. Und wer lebt und an mich glaubt, wird niemals sterben. Glaubst du das?"
(Johannes 11,25.26)

SPERRMÜLL DER SEELE

Petra Schwarzkopf

Petra Schwarzkopf ist verheiratet und Mutter von fünf Kindern. Die Volljuristin arbeitet heute als Mezzosopranistin und Lehrerin anstatt im Gerichtssaal. Erste Schritte als Autorin wagte sie vor einigen Jahren in der Kinder- und Musicalarbeit ihrer Gemeinde. Ideen liefern dabei der Familienalltag im sonnigen Rheinland, das Reisen durch Nordamerika und ihre unstillbare Neugier auf Gott und die Welt.

Manche sagen, traurige Texte über Tränen oder über den Tod hätten nichts in einem Kinderbuch verloren, aber ich halte das für falsch. Ab einem gewissen Alter wissen nämlich alle Kinder sehr wohl Bescheid. Da stirbt bei dem einen ein Meerschweinchen, bei dem anderen vielleicht die Katze oder der Hund. Manche Kinder haben gehört, dass ein Nachbar gestorben ist oder ein Lehrer. Vielleicht waren sie auch bei der Beerdigung der Oma oder der Tante dabei. Einige Kinder haben schon ganz Schlimmes erlebt und ein Geschwisterkind oder sogar einen Elternteil verloren. Oh ja, die Kinder wissen ganz genau Bescheid!

Nur wir Erwachsenen wollen oft nicht darüber reden, jedenfalls nicht mit den Kindern. Eigentlich ist das dumm, denn vor etwas, über das man gar nicht spricht, bekommt man nur noch mehr Angst. Trotzdem haben viele Erwachsene es gelernt, den Gedanken an den Tod auszuklammern aus ihrem Alltag. Er ist fest verschnürt, in eine Kiste gepackt und ganz unten im Keller des Lebens sicher verstaut. Unten im großen Dunkel, im allerletzten Regal oder besser noch dahinter. Dort verstaubt er unsichtbar vor sich hin. Jede Menge Sperrmüll steht davor. Kartons mit wichtigeren und erfreulicheren Dingen versperren den Blick. Auf einem steht ARBEIT, ein anderer ist randvoll gefüllt mit FREIZEIT. Kleinere und größere Schachteln sieht man da unten mit Aufschriften wie FERNSEHEN, THEATER und KINO, PUTZEN, WASCHEN, KOCHEN oder GARTEN und SPORT. Ein großes Bild vom letzten URLAUB am Strand lehnt auch am Regal und zeigt das Meer des Vergessens. Und apropos Vergessen, der SHOPPING-Karton passt gar nicht erst ins Regal. Er ist zu groß und steht davor auf dem Boden. Und was ist das? Ach, man fasst es nicht, eine ganze Kiste gefüllt mit FAMILIE ...!

Ja, so ist das mit uns Erwachsenen. Je weniger wir eine Antwort auf die letzte Frage haben, desto mehr weichen wir ihr aus. Und die, die behaupten, mit dem Tod sei alles zu Ende und danach käme gar nichts mehr, die sind am weitesten vor ihr weggerannt. Das ist sehr schade, denn wer sich nicht mit der eigenen Sterblichkeit beschäftigen will, der verpasst die Chance, dem zu begegnen, der auf alles eine Antwort hat. Auch auf die letzte Frage des Lebens. Warum hat er die Antwort? Ganz einfach: weil er den Tod besiegt hat!

Wenn Sie wissen wollen, wie man ein Leben mit Jesus Christus beginnt, finden Sie hier:

FÜNF SCHRITTE ZU EINEM NEUEN LEBEN MIT GOTT

1

Beten Sie zu Jesus Christus. Sie können ganz einfach mit ihm reden. Er versteht und liebt Sie. (Matthäus 11,28)

2

Bekennen Sie ihm, dass Sie bisher ohne Gott gelebt haben. Erkennen Sie an, dass Sie ein Sünder sind, und bekennen ihm dies als Ihre Schuld. Sie können ihm alle konkreten Sünden nennen, die Ihnen bewusst sind. (1. Johannes 1,9)

Bitten Sie Jesus Christus, als Herr und Gott in Ihr Leben einzukehren. Vertrauen und glauben Sie ihm von ganzem Herzen. Wenn Sie sich so Jesus Christus als Herrscher anvertrauen, macht er Sie zu einem Kind Gottes. (Johannes 1,12)

Danken Sie Jesus Christus, dem Sohn Gottes, dass er für Ihre Sünde am Kreuz gestorben ist. Danken Sie ihm, dass er Sie aus Ihrem sündigen Zustand erlöst hat und jede einzelne Sünde vergeben wird (Kolosser 1,14). Reden Sie jeden Tag mit ihm im Gebet und danken Sie ihm für Ihre Gotteskindschaft.

Bitten Sie Jesus Christus als Herrn, die Führung in Ihrem Leben zu übernehmen. Suchen Sie den täglichen Kontakt mit ihm durch Bibellesen und Gebet. Der Kontakt mit anderen Christen hilft, als Christ zu wachsen. Jesus Christus wird Ihnen Kraft und Mut zur Nachfolge geben.

UNWERTES LEBEN

Annegret Heidel

Annegret Heidel, geb. 1974, verheiratet, drei jugendliche Kinder, arbeitet seit elf Jahren als Schwangerenberaterin bei KALEB – Region Chemnitz e. V. und ihr Herz schlägt besonders für Mütter und Kinder.

Behinderte müssen abgetrieben werden, so kann man nicht leben!" Wieder einmal war ich in einer Schulklasse mit dem Thema „LebensWert" zu Besuch, als J. diesen Satz lautstark proklamierte. Sie war auch nicht bereit, die „Gegenseite" anzuhören. Mitten in der heißen Diskussion stand plötzlich ein Junge auf und sagte: „Ich habe einen geistig behinderten Bruder, und ich glaube, er hat mehr Lebensfreude als viele von euch." Dann setzte er sich wieder hin. Auf einmal war es in der Klasse totenstill, viele waren erschrocken und beschämt. Ich hatte den Eindruck, dass der Junge noch nie über seinen Bruder gesprochen hatte.

Im weiteren Verlauf der Stunde erzählte ich von meiner eigenen körperlichen Behinderung und wie dankbar ich bin, trotzdem leben zu dürfen. Am Unterrichtsende kam J. auf mich zu und fragte: „Kann ich den Klumpfuß mal sehen?" Ich spürte, dass ihr bisheriges Weltbild auch durch das Erleben meiner Person total erschüttert worden war. Spontan erfüllte ich ihren Wunsch, und zum Abschied meinte sie: „Geben Sie mir noch Ihre Karte, wenn ich mal einen Rat brauche." Verändert verließ J. den Unterricht. Sie hatte verstanden, dass jedes Leben einzigartig und wertvoll ist.

Darum gehe ich in Schulklassen, Jugendgruppen und arbeite seit sieben Jahren als Schwangerenberaterin bei KALEB Region Chemnitz e. V. – weil Gott meinem Leben Sinn und Wert gab. Mein Konfirmationsspruch ist mir dabei Ermutigung und Motivation: „Ich will dich segnen und du sollst ein Segen sein", spricht Gott. Immer wieder erlebe ich, wie dieser Gott mich führt, mir Weisheit und die richtigen Worte schenkt. Bei ihm kann ich auftanken und vor allem auch die Lasten der Menschen, die ich begleite, abladen. Denn erst, wenn wir das eigene Leben als ein Geschenk ansehen, können wir auch weiterschenken.

*»Alles geht vorüber –
Wie unterschiedlich ist
doch die Bedeutung
dieses Satzes! In einer
glücklichen Stunde
wirkt er ernüchternd,
angesichts von Kummer
und Schmerz hingegen
tröstlich.«*

Abraham Lincoln

BLEIBT DAS BLATT IN MEINER BIBEL?

Siegfried Lambeck

Siegfried Lambeck (80) ist verheiratet und hat zwei erwachsene Kinder und Enkel. Als Betriebswirt ist er im aktiven Ruhestand als ehrenamtlicher Berater in Schulen, Gefängnissen, Diakoniekreisen, Seminaren, Freizeiten und Gemeinden tätig.

... das war meine bange Frage.

Dieter ist am Ende: „Gibt es für mich noch eine Chance?", fragte er mich verzweifelt. Er sitzt zum wiederholten Mal im Knast. Er ist kaputt. Beinahe wäre es der letzte Schuss Heroin gewesen. Er schreit es heraus: „Wie kann ich nur frei werden von dieser Sucht?"

Dann ging es mir durchs Herz, was unser Herr Jesus in Johannes 8,36 sagt: „Wenn euch also der Sohn frei macht, seid ihr wirklich frei." Spontan bat ich Dieter, diesen Vers zu lesen ... „Funktioniert das auch bei mir?", so seine Frage. „Ja!", sagte ich. „Darauf kannst du dich verlassen. Wenn das bei dir nicht funktioniert, reiße ich das Blatt aus meiner Bibel." Ich war erstaunt, als er betete: „Gott, ich kenne dich nicht. Aber ich setzte jetzt auf dieses Wort und rechne damit, dass du mir hilfst."

Bangen Herzens traf ich ihn nach 14 Tagen. Ob das Blatt wohl in meiner Bibel bleiben würde? Dieter war total verändert. Voller Freude und mit einer Perspektive für sein Leben. Später konnte er bei unseren Freunden wohnen. Er fand sofort einen Arbeitsplatz und einen Kreis von Christen, die ihm halfen, die ersten Schritte im Glauben zu gehen. Trotz einiger Rückschläge ging es aufwärts mit ihm. „Mit so vielen Wundern und glücklichen Fügungen hätte ich nie gerechnet", bekannte er erstaunt.

Sicherlich ist ein Bibelwort kein Zauberspruch; aber Gott hat seinem Wort eine äußerst wichtige Verheißung gegeben: Es ist lebendig und wirksam (Hebräer 4,12a). Gott steht zu seiner Verheißung: Es führt Menschen in die Entscheidung. Es deckt auf und trennt zwischen Unechtem und Echtem. Durch seinen Geist offenbart sich Gott selbst und schafft das neue, ewige Leben in uns.

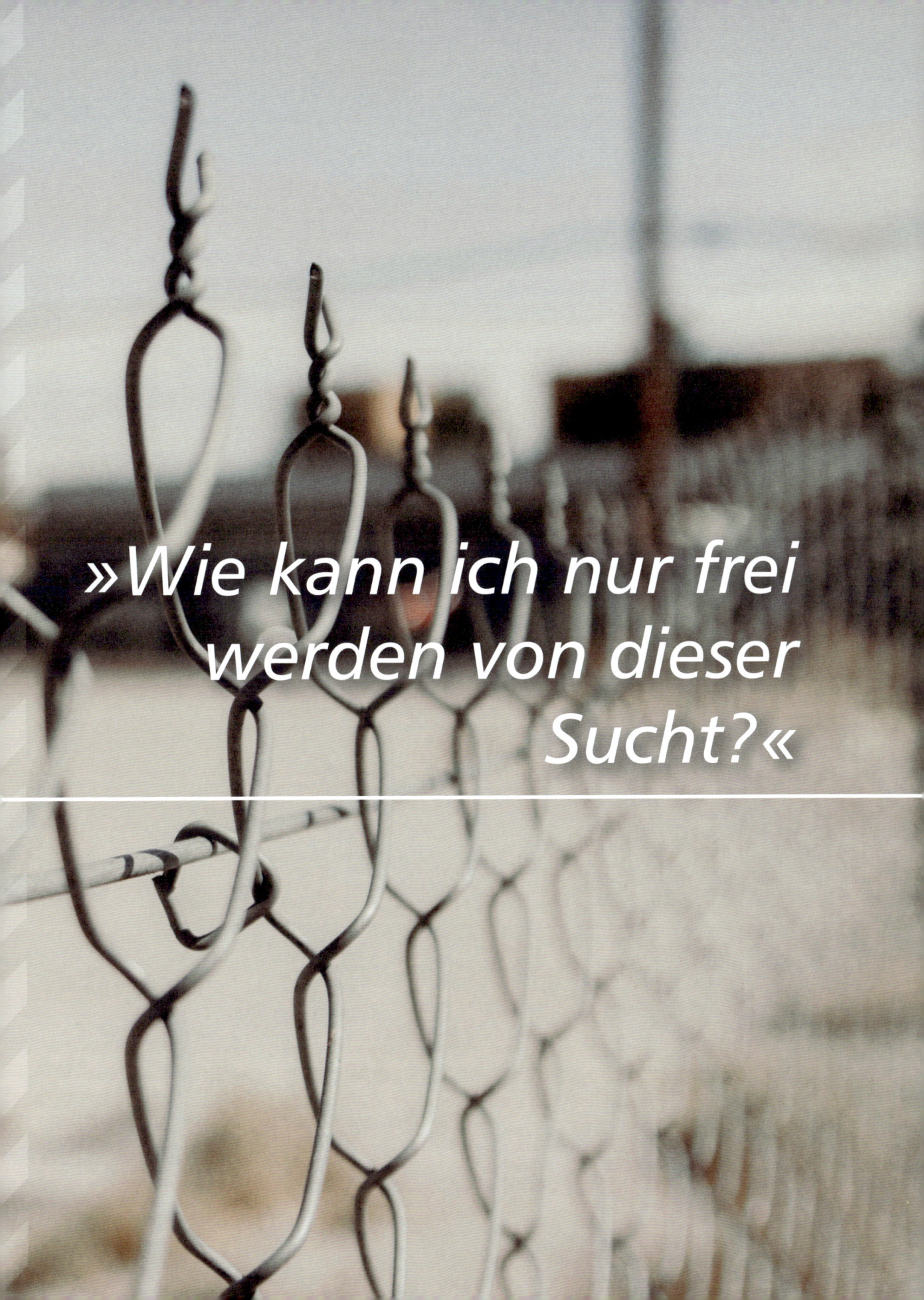

»*Wie kann ich nur frei werden von dieser Sucht?*«

Seit 25 Jahren dürfen wir nun schon zusammen durchs Leben gehen. Lukas, der mittlerweile 22 Jahre alt ist, ist unser ältestes Kind. Wir haben insgesamt vier Kinder, neben Lukas noch drei Mädels im Alter von 20 bis 14 Jahren. Wohnhaft sind wir in der Nähe von Bonn.

Frank ist als Key-Account Manager sowie in der Vertriebsleitung eines Herstellers für technische Anlagen tätig. Sylvia ist Ingenieurin und arbeitet als Regierungsbedienstete bei der Bezirksregierung in Köln.

»Die Situation blieb zwar, aber wir sind innerlich von der Schattenseite auf die Sonnenseite gesprungen.«

UNSER SOHN LUKAS

Frank und Sylvia Schneidmüller

> „Ich preise dich darüber, dass ich auf eine erstaunliche, ausgezeichnete Weise gemacht bin ...“*

Mit diesem Bibelvers wollten wir in der Geburtsanzeige unsere Freude und Dankbarkeit über die Geburt unseres ersten Kindes Lukas zum Ausdruck bringen. Später mussten wir jedoch lernen, diese erste Dankbarkeit nicht zu verlieren.

Wie aufregend war es für uns, das erste Kind zu erwarten. Zum Ende der Schwangerschaft stellte die behandelnde Ärztin Auffälligkeiten fest, aber am 06.01.98 kam Lukas als Frühchen äußerlich völlig gesund zur Welt. Mit seinen wunderschönen blauen Augen überwältigte er uns sofort.

Die ersten Lebensmonate verliefen relativ unauffällig. Nach neun Monaten wendete sich die Situation jedoch radikal. Zahlreiche Untersuchungen ergaben: Unser Kind würde sich nicht normal entwickeln!

„NEIN! Warum? Warum wir, was haben wir FALSCH gemacht?“, waren unsere ersten Gedanken. Rebellion gegen Gott, aber dann doch die Annahme von Lukas, die uns sehr herausforderte. Viele Menschen beteten für uns und Lukas' Heilung.

Im Sommer 1999 besuchten wir unseren Schwager und Bruder in den USA, der uns eine besondere Hilfe war. Hier lernten wir, Lukas so anzunehmen, wie Gott ihn uns geschenkt hatte.

Wir ermutigten uns mit dem Psalmwort „Mit meinem Gott kann ich über Mauern springen!“ Die Situation blieb zwar, aber wir sind innerlich von der Schattenseite auf die Sonnenseite gesprungen.

Lukas ist heute 19 Jahre alt, blind sowie körperlich und geistig mehrfach schwerstbehindert.

Aber heute dürfen wir stolze Eltern von einem einzigartigen Sohn und drei wunderbaren Töchtern sein.

Unsere gemeinsamen Jahre waren und sind immer wieder herausfordernd, aber wir erfahren, dass wir nie tiefer fallen können als in Gottes Hände.

»Mut ist Angst, die gebetet hat.«

Corrie ten Boom

FREUDE UND LEID

Susanne von Pentz-Jaeger

Susanne von Pentz-Jaeger, Jahr-
gang 1961, ist von Beruf Er-
gotherapeutin, als Referentin
unterwegs und leitet christliche
Reisegruppen. Sie wohnt im
Rhein-Main-Gebiet.
www.von-pentz-jaeger.de

»Er war wie ein Anker auf stürmischer See.«

Zum Leben gehören schöne und schlechte Momente. Gerade haben Sie eine wunderschöne Situation erfahren, wie zum Beispiel einen prächtigen Sonnenuntergang oder ein mitreißendes Sporterlebnis. Kurze Zeit später hören Sie eine sehr negative Nachricht. Diese Information erschüttert Sie und bringt Sie aus dem inneren Gleichgewicht.

So erging es mir vor einigen Jahren. Mein Mann und ich waren im Allgäu im Urlaub und erlebten schöne Zeiten. Nach einer Woche kam er bei einem Bergunfall ums Leben. Ich wollte es nicht wahrhaben, konnte es nicht glauben. Ich war wie gelähmt.

Mit der Zeit musste ich akzeptieren, dass der Tod die harte Realität ist und mein Mann nicht wiederkommt. Rückblickend frage ich: Was hat mich in der schweren Zeit gehalten und durchgetragen? Der Glaube an einen lebendigen Gott gab mir Kraft und Halt, um die schwere Zeit durchzustehen. Er war wie ein Anker auf stürmischer See. Als Jugendliche hatte ich mich für ein Leben mit Jesus Christus entschieden. Ich erlebte, dass Jesus Christus real und erfahrbar ist. Schon oft hat er mir geholfen, und das wird er auch diesmal tun. Denn Gott hat gesagt: „Nie werde ich dich aufgeben, niemals dich im Stich lassen" (Hebräer 13,5b).

„Ich wollte es nicht wahrhaben, konnte es nicht glauben. Ich war wie gelähmt."

„PLÖTZLICH IST ER NICHT MEHR DA"

Hartmut Jaeger

Hartmut Jaeger, Jg. 1958, seit 1981 verheiratet mit Annette, Vater von drei erwachsenen Töchtern, ausgebildeter Lehrer. Seit 2000 Geschäftsführer der Christlichen Verlagsgesellschaft mbH und als Referent für Glaubensfragen in Deutschland unterwegs. Herausgeber und Autor mehrerer Bücher.

Am 5. Juli 2012 musste ich mit ansehen, wie mein Schwager in den Tod stürzte ...

Es ist ein herrlicher Tag. Um 10 Uhr brechen wir, meine Schwester mit Mann und ich, zu einer Wanderung am Nebelhorn (2224 Meter) bei Oberstdorf auf. Wir wollen von der Seilbahnstation Höfatsblick zum Gaisalpsee und von dort wieder über das Niedereck zurück zur Station Seealpe wandern. Auf der Strecke zwischen dem oberen und dem unteren Gaisalpsee passiert das Schreckliche. Ich höre hinter mir ein seltsames Geräusch, drehe mich um und sehe meinen Schwager in die Tiefe stürzen. Nach etwa 60 Metern bleibt er regungslos in einem Geröllfeld liegen. Die Bergwacht kann später nur noch den Tod feststellen.

Am Morgen freust du dich über die herrliche Schöpfung, den blauen Himmel und die schneebedeckten Berge, am Abend stehst du in der Leichenhalle am Sarg eines geliebten Menschen. Der Schock sitzt tief. Wir stellen uns viele Fragen. Angesichts des Todes empfindest du deine ganze Hilflosigkeit. Wie zerbrechlich ist das Leben!

Im selben Jahr läuft in der ARD die Themenwoche „Leben mit dem Tod". Es geht um Fragen wie: Wie wollen wir sterben? Wie gehen wir mit dem Tod um? Und was bleibt, wenn wir gehen? Die Intendantin Karola Wille schreibt: „Indem wir im Fernsehen, Hörfunk und online ein sensibles Thema behandeln, wollen wir Lebenshilfe vermitteln und die Diskussion über den Umgang mit dem Tod in der Gesellschaft fördern."

Die Beiträge sind so unterschiedlich wie wir Menschen. Doch eines wird immer wieder deutlich: Da niemand dem Tod ausweichen kann, soll zumindest die letzte Wegstrecke angenehm gestaltet werden.

Die ARD hatte für diese Sendereihe drei Paten organisiert: Margot Käßmann, Reinhold Beckmann und den Kabarettisten Dieter Nuhr. Letzterer sagte: „Es hat ja keinen Sinn, sein Leben trauernd zu verbringen, weil es irgendwann ein Ende haben wird. Ich will den Tod auslachen, vielleicht ist er dann beleidigt und kommt nicht wieder."

Nun ist es jedem selbst überlassen, wie er mit dem Tod umgeht. Aber ich will nicht oberflächlich leben. Der Tod ist der größte Feind des Lebens. Wir müssen ihn ernst nehmen. Auslachen lässt er sich nicht. Spätestens wenn du am Totenbett stehst, vergeht dir das Lachen. Andererseits stimmt der Hinweis nachdenklich: „Es macht keinen Sinn, sein Leben trauernd zu verbringen ..." Aber wer sich trotz Tod freuen kann,

»Am Morgen freust du dich über die herrliche Schöpfung, den blauen Himmel und die schneebedeckten Berge, am Abend stehst du in der Leichenhalle am Sarg eines geliebten Menschen.«

muss einen Grund dazu haben. Die Antwort heißt: Jesus Christus. Gott nimmt den Tod so ernst, dass er seinen Sohn zu uns schickt. Und Jesus Christus sagt selbst: „Ich bin gekommen, um Menschen zu suchen, die verloren sind, die dem Tod geweiht sind. ... Ich bin nicht gekommen, um bedient zu werden, sondern um mein Leben zu geben" (vgl. Lukas 19,10 und Markus 10,45).

Das sind keine leeren Versprechen. In Jesus Christus, seiner Geburt, seinem Leben, seinem Sterben und seiner Auferstehung erfüllt sich, was Gott im Alten Testament vorausgesagt hat. Weihnachten und Ostern werden wir daran erinnert, dass die Frage nach dem Tod von Gott selbst beantwortet wurde. Als ich am Grab meines Großvaters stand, wurde mir klar, dass ich Jesus Christus brauche, um über den Tod hinaus Hoffnung haben zu können. Die Lebensübergabe an ihn schenkt mir Klarheit über die Fragen, die in der ARD-Themenwoche behandelt wurden.

Für uns, die wir an Jesus Christus glauben, ist der Tod das Tor zur Herrlichkeit. Jeder Mensch braucht diese persönliche Beziehung zu Jesus Christus. Dazu sind zwei Dinge notwendig: Buße und Glauben. Buße ist das klare Nein zu dem alten Leben ohne Jesus Christus. Und Glauben ist das bewusste Ja zu einem neuen Leben mit Jesus Christus. Diese Lebensübergabe vollziehen wir im Gebet. Wer seine Sünde bekennt und Jesus Christus in sein Leben einlädt, empfängt Vergebung seiner Schuld und neues Leben aus Gott. Wer also wissen will, was nach seinem Tod sein wird, kommt an Jesus nicht vorbei.

Dr. Erwin Lutzer schreibt: „Fünf Minuten nach Ihrem Tod haben Sie entweder einen ersten Eindruck vom Himmel mit seiner Freude und Glückseligkeit gewonnen oder aber eine erste Erfahrung unaufhörlichen Schreckens und unendlicher Reue gemacht. Auf jeden Fall ist Ihre Zukunft zu diesem Zeitpunkt unwiderruflich festgelegt" (aus: Lutzer: Fünf Minuten nach dem Tod).

Der Glaube an Jesus Christus ist der Schlüssel zum Himmel. Wenn ich diesen Schlüssel besitze, sage ich nicht mit Dieter Nuhr, dass ich den Tod auslachen will, sondern dann kann ich mit Paulus sagen:

Tod, wo ist denn dein Sieg? Tod, wo bleibt dein Stachel? Der Giftstachel des Todes ist die Sünde ... Doch Gott sei Dank! Durch Jesus Christus, unseren Herrn, gibt er uns den Sieg.
(1. Korinther 15,55-57)

Der Tod ist nicht beleidigt, sondern besiegt! Um diesen Sieg zu erleben, muss ich mich auf die Seite des Siegers begeben. Jesus Christus ist gekommen, um unsere Schuldfrage zu lösen. Da er stellvertretend den Lohn der Sünde, den Tod, für uns bezahlt hat, können wir in den Triumph des Paulus mit einstimmen.

Mit Jesus Christus haben wir eine lebendige Hoffnung über den Tod hinaus, wir haben alles, was wir zum Leben und Sterben brauchen. Mit ihm kommen wir garantiert in den Himmel. Und das ist ein großer Trost.

Ich weiß, dass es meinem Schwager jetzt viel besser geht. Und wir werden ihn wiedersehen. Und meine Schwester bekommt täglich Kraft durch ihren starken Glauben und die Gebetsunterstützung vieler Mitgeschwister.

Trotz Tod wissen wir, dass Gott keinen Fehler macht. Wir müssen neu lernen, dass es nicht darum gehen kann, Gott in allem zu verstehen. Gott ist Gott.

Und die Tatsache, dass Gott Gott ist, schließt aus, dass wir ihn in allem verstehen können. Es geht nicht ums Verstehen, es geht darum, ihm zu vertrauen. Wir dürfen wissen, dass Gott zu seinem Wort steht – auch im Tal des Todes. Wir müssen jetzt vorwärts leben, aber wir können nur rückwärts verstehen. Es wird einen Tag geben, an dem wir wissen, wozu dieses Unglück gut war.

Nachwort von Hartmut Jaeger

ENTNOMMEN AUS:

Susanne von Pentz-Jaeger
Plötzlich ist er nicht mehr da
CV, Best.-Nr. 271 622

»Der HERR ist mein Hirte, mir wird nichts mangeln. Er lagert mich auf grünen Auen, er führt mich zu stillen Wassern.«

Psalm 23,1.2*

JESUS CHRISTUS SAGT: „ICH BIN ...“

1

Ich bin das Brot des Lebens. Wer zu mir kommt, wird nie mehr hungrig sein, und wer an mich glaubt, wird nie wieder Durst haben. (Johannes 6,35)

2

Ich bin das Licht der Welt! Wer mir folgt, wird nicht mehr in der Finsternis umherirren, sondern wird das Licht haben, das zum Leben führt. (Johannes 8,12)

3

Ich bin das Tor zu den Schafen. (Johannes 10,7)

4 Ich bin der gute Hirt. Ein guter Hirt setzt sein Leben für die Schafe ein. (Johannes 10,11)

5 Ich bin die Auferstehung und das Leben. Wer an mich glaubt, wird leben, auch wenn er stirbt. (Johannes 11,25)

6 Ich bin der Weg! Ich bin die Wahrheit und das Leben! Zum Vater kommt man nur durch mich. (Johannes 14,6)

7 Ich bin der wahre Weinstock und mein Vater ist der Weingärtner. (Johannes 15,1)

KRISEN, TERROR, ANGST

Judith und Johann Rempel waren fast 30 Jahre lang verheiratet und wirkten bei verschiedenen christlichen Organisationen in Italien, der Schweiz und Deutschland mit. Nach dem Tod seiner Frau ist der Autor heute mit Stefanie verheiratet und arbeitet bei der Christlichen Polizeivereinigung.

Johann und Judith Rempel

> *„Ich rief zum HERRN in meiner Not, der HERR antwortete mir und befreite mich. Der HERR ist für mich, ich fürchte mich nicht." (Psalm 118,5-6)*

In unserer globalisierten Welt voller Krisen, Konflikte, Umweltverschmutzungen, Ungerechtigkeiten und Stress nehmen Gewaltbereitschaft, Terror, Krankheit und sonstige Ursachen für Ängste zu. Angststörungen und Depressionen gehören zu den häufigsten psychischen Erkrankungen unserer Zeit.

Was immer Angst auch auslöst: Es gilt, richtig mit ihr umzugehen. Die Bibel berichtet von vielen Menschen, die mit Gott an der Seite ihre Ängste bewältigen konnten.

Bei uns persönlich war es vor etlichen Jahren die Brustkrebserkrankung mit Palliativsituation von Judith, die bei uns viele Ängste auslöste: Angst vor dem Fortschreiten der Erkrankung, den Schmerzen, dem Leidensprozess vor dem Sterben, vor Nebenwirkungen der Therapien, vor dem Morgen etc.

Ob OP-Saal, Bestrahlungsraum oder Arztzimmer – Jesus Christus war mit dabei, und wir konnten mit unserem Vater im Himmel sprechen, der uns liebt, es gut mit uns meint, dem nichts entgleitet und der Zukunft und Hoffnung für uns hat, die weit über die irdischen Grenzen hinaus reichen.

Mit unserem Gott zu reden und uns in seine Arme fallen zu lassen half uns in dieser Situation konkret, das Hier und Jetzt konstruktiv zu gestalten und nicht wegen unserer Ängste die Kraft dafür zu verlieren.

Wie immer Gott weiterführen würde: Wir waren ihm dankbar für seine Gegenwart und die Befreiung in ihm!

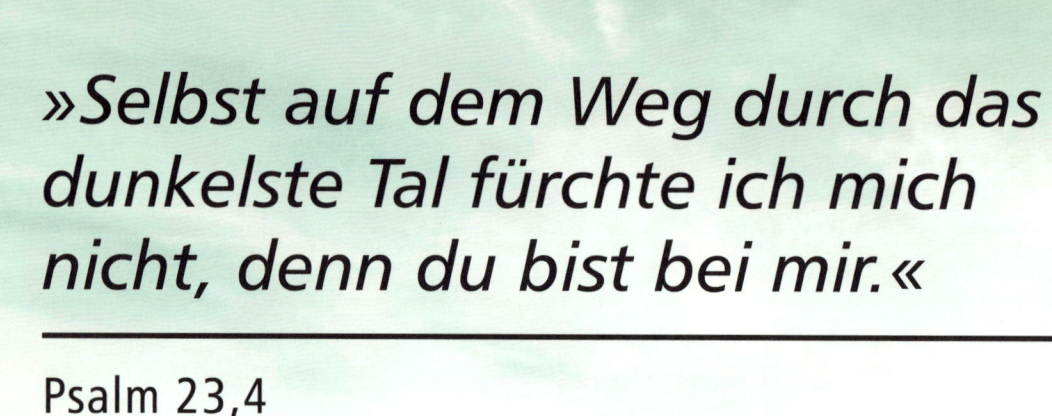

»*Selbst auf dem Weg durch das dunkelste Tal fürchte ich mich nicht, denn du bist bei mir.*«

Psalm 23,4

LEID – RICHTIG EINORDNEN!

Hartmut Jaeger

Täglich werden wir mit der Leidfrage konfrontiert. Unzählige Hiobsbotschaften erreichen uns durch die Medien. Und dennoch sind unsere Ausgangspositionen sehr unterschiedlich. Vielleicht gehören Sie zur Gruppe der unmittelbar Betroffenen. Sie brauchen Mitgefühl. Und Sie dürfen einen Gott kennenlernen, der dieses Mitgefühl aufbringt, der Sie liebt und der Trost und Hilfe gibt.

Ich teile das Leid in drei verschiedene Kategorien ein: Zunächst kennen wir selbst verschuldetes Leid. Dann gibt es Leid, das sich Menschen gegenseitig zufügen. Und zur dritten Kategorie gehört das Leid, das Menschen aufgrund von Krankheit oder Naturkatastrophen erleben. Dieses Leid macht uns in der Regel am schwersten zu schaffen.

SELBST VERSCHULDETES LEID

Wer täglich zwei Flaschen Whiskey trinkt, darf sich nicht beschweren, wenn er eine kranke Leber bekommt. Dafür ist er selbst verantwortlich und nicht Gott. Natürlich weiß ich auch, dass ein solches Verhalten eine Vorgeschichte hat. Aber letztlich ist jeder Mensch selbst verantwortlich für das, was er tut. Leider trifft die folgende Redensart häufig zu: *„Das ist das größte Leid, was der Mensch sich selbst andeit."* Menschen machen sich gegenseitig das Leben schwer.

LEID, DAS MENSCHEN EINANDER ZUFÜGEN

Es gibt viel Ungerechtigkeit, die Unschuldige leiden lässt. Betrug, Gewalt, Krieg – hier besteht jedes Mal ein klarer Zusammenhang zwischen widerfahrenem Leid und solchen, die das Leid verschulden. Können wir Gott dafür verantwortlich machen, wenn sich Menschen gegenseitig die Köpfe einschlagen, wenn die Lebensmittelreserven auf der Erde ungerecht verteilt sind, wenn Unschuldige im Krieg leiden?

Sind wir nicht etwas voreilig, wenn wir Gott den Schwarzen Peter zuschieben? Die Römer hatten ein treffendes Sprichwort: *„Homo homini lupus est"* (Der Mensch ist des Menschen Wolf). Wir machen uns allzu oft das Leben gegenseitig schwer.

DIE SCHWIERIGSTE KATEGORIE DES LEIDS

Naturkatastrophen – und in der Regel auch Krankheiten – kann man nicht auf das Verschulden von Menschen zurückführen. Die Schuldfrage ist fehl am Platz. Und hier zeigt sich eine weitere Dimension des Leids – aus menschlicher Sicht die schwierigste. „Warum das alles?", so wird berechtigt gefragt. Wir beobachten eigenes Leid oder Leid in dieser Welt

und ziehen den Schluss, diese Beobachtung sei nicht in Übereinstimmung zu bringen mit dem Wesen der Liebe Gottes. Wie kann Gott Liebe sein und so etwas zulassen? Um überhaupt im Ansatz Antworten auf diese Fragen zu finden, ist es wichtig, sich Gedanken über das eigene Gottesbild zu machen. Folgende Informationen über Gott und sein Wesen müssen wir bei dem Versuch einer Antwort auf die Leidfrage berücksichtigen.

GOTT HAT DAS BÖSE NICHT GEWOLLT

Als der Mensch sich gegen Gott auflehnte (1. Mose 3), kam die Sünde in die Welt und damit der Tod. Seitdem ist bei uns buchstäblich der Tod im Topf.

Der Verlust der harmonischen Gottesbeziehung hat zu allem Leid in der Welt geführt. Statt Harmonie beherrscht Disharmonie unsere Welt.

Gott will nicht, dass irgendjemand ins Verderben geht, sondern dass alle Gelegenheit haben, zu ihm umzukehren. (2. Petrus 3,9)

GOTT IST LIEBE

Er hat seine Liebe in vielen Punkten deutlich gemacht, ja, er wirbt regelrecht um Gegenliebe. Da lieben und geliebt werden auf freiwilliger Basis beruht, geht Gott das Risiko ein, dass Menschen sich gegen ihn entscheiden.

Seine Liebe zu uns Menschen geht sogar so weit, dass er seinen eigenen Sohn von Menschen kreuzigen ließ. Warum ließ Gott das zu? Weil er uns liebt.

Am Kreuz gibt Gott seine Antwort auf die Leidfrage. Er leidet selber für uns Menschen. Und damit bahnt er selbst den Weg zurück in die Gemeinschaft mit ihm. Das ist eine gewaltige Chance für jeden Menschen.

Aber Gott hat seine Liebe zu uns dadurch bewiesen, dass Christus für uns starb, als wir noch Sünder waren. (Römer 5,8)

GOTT IST EIN MITFÜHLENDER GOTT

Weil Jesus, der Sohn Gottes, selber gelitten hat, mitfühlte, weinte und Trauer erlebte, können wir ihm heute unsere Nöte, Ängste und unser Leid bringen und unsere Fragen nach dem Warum und Wozu stellen. Gott weiß, wovon wir reden, er hat es selbst durchlebt. „… lasst in allem durch Gebet und Flehen mit Danksagen eure Anliegen vor Gott kundwerden; mit der Folge, dass der Friede Gottes, der allen Verstand übersteigt, eure Herzen und Gedanken bewahren wird in Jesus Christus" (nach Philipper 4,6-8).

Dieser Hohe Priester hat Mitgefühl mit unseren Schwächen, weil ihm die gleichen Versuchungen begegnet sind wie uns – aber er blieb ohne Sünde. (Hebräer 4,15)

GOTT IST IN SEINEM HANDELN SOUVERÄN

Gott lässt sich keine Vorschriften machen oder gar auf die Anklagebank setzen. Sein Handeln ist souverän. Wir mit unserem begrenzten Verstand können Gottes Handeln nicht immer verstehen. So kommen wir bei der Beantwortung der Leidfrage an Grenzen. Das liegt in der Natur der Sache. Aber Souveränität ist nicht zu verwechseln mit Willkür. Gottes Handeln hat immer ein Ziel.

Denn meine Gedanken sind nicht eure Gedanken, und eure Wege sind nicht meine Wege, spricht der HERR. (Jesaja 55,8*)

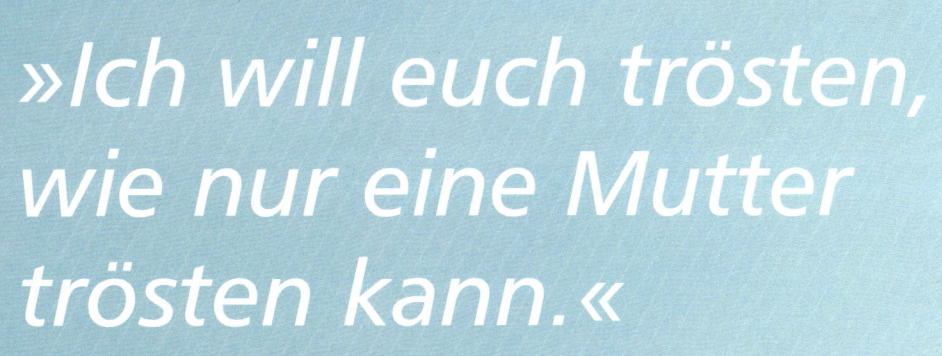

»*Ich will euch trösten,
wie nur eine Mutter
trösten kann.*«

Jesaja 66,13

GOTT BEGEGNEN

Judy Machiné

Judy Machiné wurde in Südafrika geboren und hat dort ihre Ausbildung zur Krankenschwester und Hebamme gemacht. 1996 wurde ihr Sohn Daniel geboren, bei dem im Alter von 18 Monaten eine degenerative Hirnerkrankung festgestellt wurde. Die Pflege ihres Sohnes wurde seitdem mit jedem Tag eine neue Herausforderung. Sie ist mit ihrer Familie im Jahr 2000 nach Deutschland gekommen. Daniel ist mittlerweile 24 Jahre, und die beiden leben zusammen in Düsseldorf.

Mein Sohn kann die Augen bewegen und lächeln. Eine seltene, fortschreitende Krankheit beraubt ihn nach und nach seiner restlichen körperlichen und geistigen Fähigkeiten. Er ist mein einziges Kind, und ich liebe ihn mehr, als ich sagen kann. Doch bei seiner Pflege muss ich bestimmte Sachen immer wieder tun – schon seit 20 Jahren. Ihn zu füttern, zu waschen und mit ihm zu lachen ist für ihn lebenswichtig, doch selbst für die liebevollste Mutter kann das alles monoton und frustrierend werden.

Ich versuche, solche Tage durch kleine Belohnungen zu bewältigen. Das kann ein Lied sein, ein Duft oder ein Espresso in der Sonne. Diese kleinen, aber bewusst genossenen Momente werden durch meine Beziehung mit Gott inspiriert. Je mehr ich in der Bibel lese, umso bewusster wird mir seine unendliche Liebe zu mir. Und so, wie mein Sohn meine Liebe zu ihm nicht begreifen, sondern sie nur ohne zu fragen annehmen kann, bin ich immer wieder erstaunt darüber, dass Gott mich trotz all meiner weniger sichtbaren Handicaps (wie Neid oder Engstirnigkeit) so sehr liebt. Ich lerne, mich so zu sehen, wie er mich sieht, und dieses frohe Wissen hilft mir, meinen Rhythmus zu finden, und gibt mir die Freiheit, mich um meinen Sohn zu kümmern.

Es braucht mindestens eine Stunde, um meinen erwachsenen Sohn umzuziehen und ihn mitsamt aller Kabel und dem Beatmungsgerät mit einer Art Kran aus dem Bett in seinen Rollstuhl zu manövrieren.

Wenn wir schließlich über die Holzrampe vor unserem Haus rollen, kommen wir an einem Beet voller frischer Minze vorbei. Ich pflücke ein paar Blätter ab, zerreibe sie zwischen den Fingern und halte sie ihm unter die Nase. Voller Freude atmen wir den frischen Geruch ein. Ich erzähle ihm dann von der Abendsonne, die die Rinde der Eschen vor uns erwärmt, oder von den Vögeln, die über uns zwitschern und Loopings drehen. Zwar spreche ich mit Dan, aber ich bin sicher, dass auch Gott zuhört und dabei lächelt ...

»Bewusst genossene Momente werden durch meine Beziehung mit Gott inspiriert.«

DIE ANTWORT AUF ALLE GROSSEN FRAGEN

Hartmut Jaeger

> *In den Worten am Kreuz beantwortet Jesus Christus alle großen Fragen des Menschseins.*

Als der russische Nobelpreisträger für Literatur Alexander Solschenizyn gefragt wurde, woran der Kommunismus gescheitert sei, antwortete er: „Der Kommunismus hat keine Antwort auf die Frage nach der Schuld, auf die Frage nach dem Leid und auf die Frage nach dem Tod." Hierauf gibt der Gekreuzigte klare Antworten.

1. Wort: Vergebung

„Vater, vergib ihnen, denn sie wissen nicht, was sie tun." (Lukas 23,34)

Mit dieser Bitte baut Jesus die Brücke zwischen Mensch und Gott. Wer in Buße zum Vater kommt, erfährt Vergebung. Hier beantwortet er die Frage: Wohin mit der Schuld?

2. Wort: Versprechen

„Heute wirst du mit mir im Paradies sein." (Lukas 23,43*)

Dieses Wort beantwortet die Frage: Wie kann ich wissen, dass ich in den Himmel komme? Jesus Christus holt Menschen aus der religiösen Ungewissheit in die Gewissheit des Glaubens. Der Gekreuzigte verspricht Leben nach dem Tod.

3. Wort: Versorgung

„Frau, siehe dein Sohn! ... Siehe, deine Mutter." (Johannes 19,26-27*)

Der Gekreuzigte kümmert sich nicht nur um das Seelenheil, sondern auch um die alltäglichen Bedürfnisse.

4. Wort: Versöhnung

„Mein Gott, mein Gott, warum hast du mich verlassen?" (Matthäus 27,46; Markus 15,34)

Das vierte Wort birgt die größten Geheimnisse. Nur hier spricht Jesus seinen Vater mit „Gott" an. Bisher geschahen alle Aussprüche Jesu bei Tageslicht – jetzt wird es finster. „Die Natur hüllt die Leiden ihres Schöpfers in Finsternis" (Luther).

Der Aufschrei in der Finsternis ist ein Aufschrei des Leidens. Hier stellt Jesus die schwierigste aller Fragen: Warum? Er hat doch nichts Böses getan. Gott hätte keinen Grund gehabt, ihn zu bestrafen. Allein unseretwegen ist er bestraft worden. Das war Gottes Plan. Gottes Heiligkeit und Liebe treffen sich am Kreuz in einer nie da gewesenen Weise.

„Nur der leidende Gott kann helfen" (Bonhoeffer). Nur ein Gott, der sich eins macht mit dem Leid dieser Welt, kann den Ausweg aus dem Leid zeigen. Nur ein Gott, der leidet, kann auch wirklich trösten.

Er nahm alles Unheil auf sich, damit wir heil werden konnten. Somit ist der Schrei des Leidens auch ein Schrei der Hoffnung.

5. Wort: Verheißung

„Mich dürstet!" (Johannes 19,28*)

Dieses Wort sprach er, damit sich alttestamentliche Verheißungen erfüllen. Das letzte Angebot der Bibel heißt: „Und wen dürstet, der komme! Wer da will, nehme das Wasser des Lebens umsonst" (Offenbarung 22,17*). Diese Verheißung gilt, weil der Gekreuzigte ausrief: „Mich dürstet!"

6. Wort: Vollendung

„Es ist vollbracht!" (Johannes 19,30)

Alles ist vollbracht. Gott ist zufriedengestellt. In dem Gekreuzigten haben alle Menschen, die sich ihm anvertrauen, ab sofort Erlösung aus dem Zustand der Sünde und Vergebung ihrer Sünden.

7. Wort: Vermächtnis und Vollkommenheit

„Vater, in deine Hände übergebe ich meinen Geist!" (Lukas 23,46*)

Das letzte Wort des Gekreuzigten hinterlässt uns das Vermächtnis eines „guten Todes". Sein Tod war nicht das Ende, sondern der Anfang einer neuen Verbindung. Jesus lebte unter der Hand seines Vaters, und so starb er in die Hand seines Vaters.

Das heißt nicht, dass sein Sterben angenehm war. Aber ungeachtet der schrecklichen Umstände finden wir hier den stärksten Ausdruck der Geborgenheit. Und so gilt auch für uns: Wer hier unter der Hand Gottes gelebt hat, darf sich in die Hand Gottes fallen lassen. Das Kreuz zeigt uns, dass der Tod nicht das letzte Wort hat.

Und damit sind alle ungelösten Fragen des Kommunismus beantwortet!

»*Das Leiden muss getragen werden, damit es vorübergeht.*«

Dietrich Bonhoeffer

SEHNSUCHT NACH LEBEN

Eine Trauerpredigt

Dieter Ziegeler

Die Traueransprache hielt Dieter Ziegeler (Basdahl).

Dieter Ziegeler, Jg. 1943, verheiratet, drei Kinder, nach einer pädagogischen Ausbildung zunächst tätig im Schulbereich, viele Jahre als Jugendreferent, und seit 1999 Schriftleiter der Zeitschrift „Die Wegweisung", jetzt „Perspektive".

Der Verstorbene war sein Leben lang bewusst kein Christ. Er lehnte kategorisch alles, was mit Gott und dem Glauben zu tun hatte, ab. Im Verlauf seiner Ehe wurde seine Frau gläubig, während alle Kinder bis heute auch Gott ablehnen. Der plötzliche Herztod mit 61 Jahren traf die Familie und den großen Freundeskreis hart. In dieser Situation bat die gläubige Ehefrau darum, trotz der Ablehnung durch die weitere Familie, eine Trauerfeier zu halten, die auf Gott hinweist. Diese Trauerfeier fand in den Gemeinderäumen einer christlichen Gemeinde statt. Der Verstorbene war sehr bekannt, weil er auch in der Kommunalpolitik ehrenamtlich tätig war. Mehr als 160 Trauergäste waren gekommen. Die Traueransprache berücksichtigt diese Umstände.

1. Eingangsworte

Wir hören zu Beginn dieser Trauerfeier ein Bibelwort. Es ist eine Lebenserfahrung von David, der König von Israel war. In Psalm 103 schreibt David: „Wie sich ein Vater über Kinder erbarmt, so erbarmt sich der HERR über die, die ihn fürchten. Denn er kennt unser Gebilde, gedenkt, dass wir Staub sind. Der Mensch – wie Gras sind seine Tage, wie die Blume des Feldes, so blüht er. Denn fährt ein Wind darüber, so ist sie nicht mehr, und ihr Ort kennt sie nicht mehr. Die Gnade des HERRN aber währt von Ewigkeit zu Ewigkeit über denen, die ihn fürchten" (Psalm 103,13ff.*).

2. Gebet

Großer Gott, Vater im Himmel, du kennst uns Menschen. Du weißt, wer wir sind. Du weißt auch, wie wir sind. Du kennst unsere Vergänglichkeit und unsere Grenzen. Du kennst unsere Sehnsucht nach Leben. Du willst uns kleinen und oft hilflosen Menschen als großer, mächtiger Gott das geben, was wir brauchen. Du willst uns helfen. In guten und an traurigen Tagen. Du willst auch heute zu uns reden. Als gnädiger Gott, der uns sucht. Hilf, Herr, dass wir uns finden lassen. AMEN!

3. Ansprache

Wir haben uns hier zur Trauerfeier für Hartmut Hofsommer* (Name geändert) zusammengefunden, um Abschied zu nehmen, um uns dankbar an ihn zu erinnern und um wirklichen Trost und Antworten auf unsere Fragen zu bekommen.

Es schmerzt, und es tut sehr weh, wenn der plötzliche Tod eine Lücke für immer reißt, wenn nach einer langen Ehe der Ehepartner nicht mehr da ist,

wenn seine Gegenwart als Vater, Bruder, Schwager und Freund fehlt. Wenn seine Stimme nicht mehr gehört wird. Ja, wir dürfen betroffen sein, denn als Menschen merken wir, dass der Verlust eines lieben Menschen Fragen an das Leben stellt. Fragen, die uns sehr überfordern, Fragen, die aber auch nach Antworten suchen.

Diese Trauerfeier findet auf Wunsch der Ehefrau mit einer gewissen christlichen Ausrichtung statt. Wir wissen, dass Hartmut Hofsommer enttäuscht war von jeder Art von Christentum, wenn es nur noch als äußere Form vertreten wurde. Darum gehörte er bewusst zu keiner christlichen Kirche oder Gemeinde. Er stand zu dieser Meinung, und ich respektiere diese ehrliche Haltung. Ich weiß, wie man mit ihm über viele Themen des Lebens wohltuend streiten konnte. Und immer wieder merkte man doch, dass Hartmut Hofsommer jemand war, der nach dem Leben suchte, nach dem Lebenssinn. Nach dem ganz Großen im Leben. Und in schwierigen Situationen hat der Verstorbene seine Frau aufgefordert zu beten.

Hartmut Hofsommer wurde am 2. Oktober 1941 in Kreisau (im heutigen Polen) geboren. Nach der Schule folgte eine landwirtschaftliche Ausbildung mit weiteren Zusatzausbildungen. 1945 flüchtete Hartmut Hofsommer mit seinen Eltern in den Westen, und im Jahre 1958 wurde das Anwesen erworben, wo der Verstorbene mit seinen Eltern und seinen drei Geschwistern lebte. In den Jahren 1960–1970 war der Verstorbene bei verschiedenen Firmen angestellt, und auch als Entwicklungshelfer beim Deutschen Entwicklungsdienst in Obervolta, in Afrika.

Im Herbst 1970 begann Hartmut Hofsommer seine Tätigkeit als landwirtschaftlicher Versuchstechniker. Diese Tätigkeit war eine große Herausforderung für den Verstorbenen. Mit sehr großem Einsatz hat er für seine Firma gearbeitet

und gelebt. Durch Rationalisierungs-
maßnahmen endete im Jahr 2000 diese
Tätigkeit. Das war für unseren Verstorbenen ein harter Schlag, denn er übte
seinen Beruf mit ganzer Seele aus. Sehr
lange hat er an dieser Situation gelitten,
und ich erinnere mich an lange Gesprä-
che mit ihm über diesen Sachverhalt.
Seit 1986 arbeitete Hartmut Hofsommer
im Ortsrat mit.

Hartmut Hofsommer heiratete im Jahr
1971. In dieser Ehe wurden vier Kinder
geboren. Für die Familie sorgte Hartmut Hofsommer so gut er konnte. Sein
Haus war für Gäste immer offen. Gäste
erfreuten Hartmut Hofsommer in hohem
Maße. Viele erinnern sich dankbar an
Stunden und Tage im Hause Hofsommer. An große Geburtstagsfeste und an
die herausragende Feier der Silberhoch-
zeit. Gewissenhaft pflegte er zusammen
mit der Familie das große Anwesen. Das
Anwesen war seine Heimat. Hartmut
Hofsommer war vorbildlich hilfsbereit.
Auch die Christliche Gemeinde war oft
Gast auf dem Anwesen, um Feste zu
veranstalten.

Niemand ahnte, dass das Leben von
Hartmut Hofsommer im Alter von 61 Jahren am 2. März 2003 durch einen Herzin-
farkt plötzlich enden würde. Was bleibt, ist
die dankbare Erinnerung an den Ehemann,
Vater, Bruder, Schwager und Freund.

Nun wollen wir noch auf Jesus Christus hören. Er sagt im Johannesevan-
gelium: „Ich bin gekommen, damit sie
Leben haben und es in Überfluss haben"
(Johannes 10,10*).

Die Bibel gibt uns im Vergleich mit
allen Religionen die umfangreichsten
Informationen über uns Menschen. Sie
beschreibt uns Menschen als Wesen, in
denen eine unstillbare Sehnsucht nach
Leben und nach Glück ist. Die Bibel
beschreibt uns in der Urgeschichte des
Menschen, woran das liegt: Gott schuf

uns in seinem Bild. Ihm ähnlich! Wir sind nicht nur hoch entwickelte Materie, die für eine bestimmte Zeit leben soll, sondern wir sind auf Gott hin entworfen.

Was heißt das?

Das heißt, dass unser Leben kein sinnloses Schicksal ist. Sondern wir sind im Bild des ewigen großen Gottes geschaffen. Ich rede von dem lebendigen Gott, der das Universum und das Trillionen-Heer der Sonnensysteme schuf. Ein Naturwissenschaftler sagt, dass ein Computer, der 10 Milliarden Sterne in 1 Sekunde erfassen kann, 30 Millionen Jahre arbeiten müsste, um alle zu registrieren. So groß ist dieser Gott. Diesen großen Gott können wir allerdings mit unserem menschlich begrenzten Denken nicht erfassen und auch nicht beweisen. Aber mit diesem Gott haben wir es zu tun!

Das erklärt den Tatendrang des Menschen. Das erklärt die Sehnsucht nach dem Großen, nach dem, was uns überwältigt und ausfüllt. Darum ist es typisch für den Menschen, letzte Fragen zu stellen. Ein Tier fügt sich dem Kreislauf des Lebens. Nicht so der Mensch! Irgendwann kommt der Augenblick, dass wir aufschreien und fragen: Woher komme ich? Warum lebe ich? Wohin gehe ich?

Zum Glück des Menschen gehört es, Antworten auf letzte Fragen zu finden. Eher können wir das Atmen einstellen, als die drängenden Sinnfragen dauerhaft zum Schweigen zu bringen. In jeder Kultur, in jeder Religion, in jedem Naturvolk lebt

- eine Sehnsucht nach dem Ewigen,
- eine Sehnsucht nach dem Glück,
- eine Sehnsucht nach dem verlorenen Paradies.

Es ist die Erinnerung an Gott, der uns schuf.

Wo ist dieser Gott?

Haben wir nicht manche Zweifel an diesen Gott? Warum gibt es denn Mühsal und den Tod? Warum gibt es Krankheit? Warum gibt es diese Widersprüche? Wo ist Gott, wenn Menschen sich bekriegen? Wo ist Gott, wenn wir sterben müssen? Wo liegt der Grund für unser Dilemma?

Die meisten Weltanschauungen haben darauf keine befriedigende Antwort. Die Bibel sagt zum Glück nicht: So ist das Leben nun mal. Füge dich deinem Schicksal. Die Urgeschichte des Sündenfalls nennt nur einen Grund für alle Widersprüche des Lebens, für alle Schrecklichkeiten: Wir haben uns von Gott getrennt.

Das beschreibt die Bibel als Sünde.

• Darum gibt es keine heile Welt mehr.
• Darum gibt es keinen Frieden mehr.
• Darum gibt es Leid.
• Darum gibt es auch den Tod.

Haben wir, als wir Gott verloren, auch das Leben verloren? Das Glück und die Liebe verloren? Hat der evangelische Theologe Helmut Thielicke recht, wenn er sagt: Das größte Dilemma des Menschen ist der Verlust der ewigen Liebe Gottes? Leben wir nur noch ein reduziertes Leben?

Alle diesseitigen Dinge sind mangelhaft. Sie sind vorläufig und ein Provisorium. Sie schreien nach Wiederholung. Sie schreien nach Steigerung. Jesus Christus gibt uns neues Leben! „Ich bin gekommen, damit sie Leben haben und es in Überfluss haben" (Johannes 10,10*).

Trotz aller Zweifel, die wir an Gott und Jesus Christus haben, sagt uns die Bibel, dass sich Gott niemals mit unserer Situation abgefunden hat. Er hat die Lösung durch Jesus Christus geschaffen. Jesus Christus überwindet unsere Trennung von Gott. Er ist die Brücke zu Gott. Zum Leben.

Aber diese Lösung zwingt uns Gott nicht auf. Er hat uns als freie Menschen geschaffen, die in eigener Verantwortung leben. Aber wer persönlich ihm glaubt, auf Jesus Christus zugeht, sein Misstrauen aufgibt und sich ihm mit seinem Leben anvertraut, findet Vergebung der Sünden und wieder das Leben. Der findet Gott, der findet den Lebenssinn und das ewige Leben, das Jesus Christus allein geben kann.

Darum besiegte Jesus Christus am Kreuz von Golgatha das Böse und den Bösen, der uns in die Finsternis führte. Jesus Christus überwand die Sünde und den Tod.

Christen sind eigentlich Menschen, die gerne an den glauben, der sich für uns vergängliche Menschen zu Tode geliebt hat, damit wir Leben bekommen. Sie entscheiden sich rechtzeitig in dieser Erdenzeit, jetzt, für Jesus Christus, der den Tod überwand und uns Menschen Leben im Überfluss geben kann: Hier auf dieser Erde; und was noch wichtiger ist: ein Leben mit ihm in Ewigkeit.

Wirklichen Trost geben uns Gott und Jesus Christus. Jesus Christus gibt uns die Hoffnung der zukünftigen Welt. Diesen Trost erfährt jeder, der Gott kennt, welcher der Gott des Trostes ist.

Dir (Ehefrau des Verstorbenen) wird dein Gott helfen. Er wird für dich sorgen. Er will das für uns alle tun, weil er uns liebt. Amen.

4. Gebet

Herr Jesus, hilf uns, dass wir das begreifen und annehmen, was du uns geben willst. Hilf, in unseren Zweifeln klarzusehen. Hilf, dass wir dich in unser Leben lassen. Du bist wirklicher Trost, du bist Schutz und Hoffnung. Wir befehlen dir die Angehörigen an. Tröste sie und schenke uns allen deine Gnade. AMEN!

*»Freut euch
mit denen,
die sich freuen;
weint mit denen,
die weinen!«*

Römer 12,15

PASSIERT, NOTIERT

Peter Hahne

Peter Hahne, TV-Moderator und Bestseller-Autor

Berlin ist brutal, aber auch Bonn war nicht besser. Zu Neudeutsch: Hire and Fire, Top und Flop. Oder gemäß unserer Kultur: Heute halleluja, morgen kreuzige ihn! Viele solcher Schicksalserfahrungen machte ich schon als junger Journalist, die beste Lebensschule, um vor Illusionen bewahrt zu bleiben. Sonst wird man zum Zyniker – auch was die eigene Person angeht. Paradebeispiel: Peter Boenisch, einst Chefredakteur von BILD und später Regierungssprecher von Helmut Kohl, nach seinem erschütterndsten Erlebnis gefragt: „Das war auf einem dieser Prominenten-Empfänge in Bonn, wo Grüppchen von Wichtigen und Wichtigtuern sich mischten, wo Small-Talk das ernste Gespräch ersetzte, Sektglas in der Hand. In der Ecke stand ein einsamer Mann, mutterseelenallein. Kein Einziger sprach mit ihm. Es war Ludwig Erhard, der Vater des Wirtschaftswunders, der wenige Wochen zuvor als Kanzler abgesägt worden war." Da gilt man dann plötzlich nichts mehr, weil jedes frühere Gespräch der mächtigen Position und nicht der Person galt. Und wenn die Macht weg ist, nimmt keiner mehr ein Stück Brot, weil er ja keins mehr hat. Die Chefsekretärin eines Intendanten sagte mir: „Von dem Tag an, als der Chef das Amt nicht mehr hatte, grüßten mich selbst ‚die besten Freunde' nicht mehr." Unvergessen Sven Kuntze, lange Jahre Moderator des ARD-Morgenmagazins, der nach seiner Pensionierung in meiner Sendung sagte: „Da ist dann der Briefkasten plötzlich gähnend leer. Damit muss man erst mal fertigwerden." Erschütternd. In Berlin wird man schneller von den Einladungslisten der Parteien und Organisationen gestrichen, als man gucken kann. Ohne Funktion bringt man ja nichts mehr. Unlängst begegnete ich einem Redaktionsleiter, der einmal eine der wichtigsten Sendungen verantwortete. Er wirkte wie ein gebrochener, greiser Mann. Der Stern war verglüht.

Deshalb ist zweierlei wichtig: ein zweites Standbein und ein festes Fundament fürs Leben. Da wird es plötzlich lebenswichtig, ob ich dem Himmel entgegengehe oder dem Nichts. Die Todesfrage beantwortet den Lebensstil.

„Es ist nicht wichtig, dass ich gefragt bin, sondern dass Gott nach mir fragt", so habe ich es der Deutschen PresseAgentur (dpa) in meinem ZDF-Abschiedsinterview gesagt. Interessant: Kaum eine Zeitung hat diesen Satz gestrichen. Im Gegenteil, manche haben ihn extra hervorgehoben, so der Berliner Tagesspiegel. Auch der allerletzte Satz, den ich als ZDF-Moderator im Fernsehen sagte, sorgte für breite Aufmerksamkeit: „Nicht die vielen schlechten Nachrichten, die ich Ihnen in den letzten Jahrzehnten oft bieten musste, sind das Wichtige. Für mich ist die frohe Botschaft der Bibel, die guten Nachrichten des Evangeliums, das Allerwichtigste.

Mein letzter Wunsch von dieser Stelle: Denken Sie doch einmal darüber nach. Leben Sie wohl, Gott segne Sie!"

»Es ist nicht wichtig, dass ich gefragt bin, sondern dass Gott nach mir fragt.«

»Einem verzweifelten Menschen Mut zusprechen ist besser als ein Königreich erobern.«

Martin Luther

FREUDE

Klaus Eickhoff

Dr. Klaus Eickhoff, geboren 1936, verwitwet und wieder verheiratet, sechs Kinder, elf Enkelkinder. Graveurhandwerk, Theologiestudium, Gemeindepfarrer, Evangelist, Autor. Leitung des Werkes für Gemeindeaufbau in der Evg. Kirche in Österreich. Dozent der Akademie für Christliche Führungskräfte. Promotion in Praktischer Theologie.

Lachen macht schön

Kennen Sie den?

Tünnes geht nachts auf der Rheinbrücke in Köln spazieren. Da kommt eine Gestalt des Wegs und spricht ihn an:

„Na, Tünnes, wie geht's?"

„Jut, jut", sagt Tünnes, „aber woher kennst du mich?"

„Ich bin ein Engel."

Tünnes packt eine tiefe Erregung. „Ein richtiger Engel? Wo hast du denn deine Flügelsche?"

„Richtige Engel haben keine Flügel."

Tünnes gerät ins Schwitzen. Mit bewegter Stimme flüstert er: „Isch han jehört, bei euch im Himmel, da sind tausend Jahre wie ein Minütsche? Stimmt dat?"

Der Engel nickt: „Ja, das stimmt. Bei uns im Himmel, da sind tausend Jahre wie ein Minütsche."

„Und ich han jehört, bei euch im Himmel, da sind eine Millionen Euro wie ein Gröschelche. Stimmt dat auch?"

„Ja", sagt der Engel, „das stimmt auch. Bei uns sind eine Millionen Euro wie ein Gröschelche."

Da stammelt Tünnes: „Kannste mer nit e Gröschelche gebe?"

„Klar", sagt sein wundersames Gegenüber, „ich kann dir ein Gröschelchen geben."

Tünnes hält ihm gierig beide Hände entgegen.

Da sagt der Himmelsbote: „Wart noch ein Minütsche."

Möglicherweise sind Sie gerade eben schöner gewesen, als Sie normalerweise schon sind. Wissen Sie, warum und wann?

Wenn Sie gelacht haben!

Es ist seltsam: Lachen macht schön.

Alle Welt lacht unbändig gern. Das gehört zum Besten, was uns passieren kann. Es ist, als trage jeder und jede ein tiefes Verlangen nach Freude im Herzen. Alle Menschen sind auf der Suche danach. Sie möchten lachen, möchten fröhlich sein.

Lachen ist nicht nur schön, es macht auch schön. Was steckt bloß dahinter?

Schon kleine Kinder suchen nach Sachen, die zum Lachen sind. Als unser Sohn Martin klein war, kriegte er zu Hause eine Zeitschrift in die Hände. Sofort fing er an, gezielt darin zu blättern. „Martin, was suchst du da?", fragte ich.

Da sagte er: „Vati, wo sind die lustigen Bilder?"

Er war vier Jahre alt. Nie hatte ich meinem Kind gesagt: „Wenn du solch ein Heft hast, musst du nach den lustigen Bildern suchen." Das hat er sich nicht gemacht, das ist ihm gemacht worden.

Wo sind die lustigen Bilder?

Wir sind ständig darauf aus, das zu suchen, was uns erfreut. Die Werbung hat es längst entdeckt. Waren werden auf Plakaten angeboten, auf denen gleichzeitig lachende, fröhliche Menschen zu sehen sind. Das zieht die Käufer an. Da greifen die Leute eher zu.

Wohin Sie kommen, ob zu den Schwarzen nach Afrika, zu den Inuit oder Chinesen – so verschieden wir nach Aussehen oder Weltanschauung sind, eines eint uns alle: Wir tragen ein unstillbares Verlangen nach Freude in unseren Herzen.

Was wird hier deutlich?

Auf der Suche nach Freude

Der Mensch ist auf Freude hin geschaffen. Wir sind täglich, oft ohne dass es uns bewusst ist, auf der Suche nach Freude. Wir brauchen sie wie die Luft zum Atmen. Das ist der heimliche Motor, der den Menschen in Bewegung hält: Er sucht Freude. Der eine wendet sich hierhin und der andere dorthin. Der eine ist faul, ein anderer fleißig. Einer gammelt, der andere arbeitet sich kaputt. Der eine verschwendet sein Geld, und der andere ist geizig. Aber in einem sind sie im Grunde alle eins: Jeder und jede sucht Freude.

In der Regel stürzen wir uns auf bestimmte Dinge und suchen die Freude in ihnen. Ich kannte einen, der hatte eine große Briefmarkensammlung. Wenn der an

einem Postgebäude vorbeifuhr, dann bekam er leuchtende Augen. Briefmarken! Daran hatte er Freude. Einen anderen habe ich kennengelernt, der hat sich ein großes Haus gekauft. Allein der Teppich! Ein Prachtexemplar! Meiner ist dagegen eine Zeitung. Sein Haus war ihm Inbegriff der Freude. Ein guter Bekannter hat eine wunderschöne Frau geheiratet. Die ist seine große Freude. Ich kenne sie. Sie hat wunderschöne Ohren.

Jeder hat seine Freude. Jeder sucht seine Freude. Jeder möchte mit seiner Sehnsucht nach Freude irgendwo bleibend vor Anker gehen. Das ist eine tolle Sache.

Dennoch muss ich an dieser Stelle etwas Erschreckendes sagen. Ich habe Menschen erlebt, die ein ausgesprochen glückliches Leben hinter sich hatten. Sie gingen Jahre und Jahrzehnte von Freude zu Freude. Sie haben Spaß gehabt und Gutes erlebt. Am Ende aber waren sie hart und verbittert.

Die Freuden ihres Lebens waren vorübergegangen wie ein Rausch.

Freudenrausch ist zu wenig

Was ist das? Mit einer Sehnsucht ohnegleichen treibt es uns zur Freude. Wir greifen nach ihr, besitzen sie und sind guter Dinge. Aber irgendwann entgleitet sie uns. Zurück bleibt Jammer nach der verlorenen Freude. Zum Schluss bleiben oft Kälte und verzweifelte Erinnerungen. Dann wird der Mensch alt, und die Möglichkeiten der Freude reduzieren sich mehr und mehr. Aber der Heißhunger danach bleibt.

Dann meldet sich der Tod. Die Freude, die mein Leben bewegt hatte, ist auf einmal weg. Angesichts des Sterbens hält sie nämlich nicht durch. Das ist unser Problem. Angesichts des Sterbens halten unsere Freuden nicht. Was aber im Sterben nicht hält,

das hat auch im Leben nie gehalten. Es hat höchstens hingehalten.

So geht es uns mit jeder Freude. Sie ist wie ein schönes Feuer, an dem der Mensch sich wärmt. Aber langsam erlischt das Feuer, und der Mensch steht da und friert.

Woran liegt das?

Die Freuden unseres Lebens sind zu klein, um uns endgültig zu erfreuen.

Viele unserer Freuden sind herrlich und schön. Ich möchte sie bestimmt nicht schlechtmachen, aber sie sind zu klein. Sie können nicht endgültig erfreuen.

Endgültig heißt, sie müssen am Ende noch gültig sein.

Warum sind unsere Freuden zu klein?

Die Freuden unseres Lebens sind darum zu klein, weil unsere Sehnsucht nach Freude zu groß ist.

Mit der Sehnsucht nach Freude ist es wie mit unserem leiblichen Hunger. Wir stillen ihn mehrmals am Tag. Für eine kleine Weile tritt Sättigung ein. Dann aber kommt der Hunger wieder. Es gehört zum Charakter irdischer Nahrung, dass sie sich verzehrt.

Unsere guten großen und kleinen Freuden verzehren sich auch. Wir stehen mit ständig neuem Verlangen da. Die Sehnsucht nach Freude ist nun einmal größer als alles, was uns dieses Leben bieten kann.

Das Absolute winkt

Wir sind gut beraten, unsere Sehnsucht nach Freude ernst zu nehmen. Sie ist nicht klein, sondern sehr groß. Darum ist sie auch nur durch eine sehr große Freude zu stillen.

Das lässt sich auch anders sagen: Die Sehnsucht nach Freude ist absolute Sehnsucht. Sie kann nur durch eine absolute Erfüllung gestillt werden.

Absolut heißt unabhängig von Raum, Zeit und irgendwelchen Umständen. Absolutes ist unzerstörbar, ewig.

Wie kommt die Macht solcher Sehnsucht in unsere Seele?

Wer hat sie uns in unser Wesen gelegt?

Wie kommt es, dass wir auf Freude hin geschaffen sind?

Das hat der getan, der uns schon im Mutterleib gebildet hat, unser Schöpfer. Er ist es, der in unendlicher Leidenschaft will, dass Sie und ich zu einer Freude kommen, die nie vergeht. Er will, dass wir zu der Freude finden, von der er sagt, dass sie vollkommen ist. Durch ihn kommen wir zu der Erfüllung, die unserer tiefsten Sehnsucht entspricht.

Der Strom der Menschheit zieht durch die Jahrhunderte. Aus ihm bricht es hervor wie ein großer Schrei: „Wir wollen Freude! Wir suchen Freude!"

In unseren Reihen ist Angst, aber wir suchen Freude.

Wir sind oft verzweifelt, aber wir suchen Freude.

Wir müssen durch Leid, aber wir suchen Freude.

Wir gehen durch Trauer, aber wir suchen Freude.

Wo finden wir endgültige Freude?

Gibt es absolute Freude?

Gibt es Freude, die unabhängig ist von Trauer und Leid?

Gibt es Freude, die auch dann bleibt, wenn das Sterben sich meldet? Das wäre die Nagelprobe: ob die Freude bleibt, wenn das Ende kommt.

Wo gibt es das in der Welt?

Sind wir im Ende nicht alle ohne Freude?

Wie ein fröhlicher Blitz

Die Geschichte der Menschheit ist die Geschichte einer großen Sehnsucht. Alle Generationen haben sie gehabt und werden sie haben, die Sehnsucht nach Freude. Müssen nicht alle Generationen mit ihrer ungestillten Sehnsucht ins Grab?

Nein!

An einem Tag dieser Welt schlägt es ein wie ein fröhlicher Blitz in den Strom der menschlichen Geschichte. Wir hören eine seltsame Botschaft. Gute Nachricht für Menschen mit riesigem Hunger nach Freude:

„Ihr braucht euch nicht zu fürchten! Ich bringe euch eine gute Nachricht (...) große Freude!" (Lukasevangelium 2,10•)

Der Höchste ruft es in die Weltgeschichte. Die eine Botschaft geht seitdem durch die Welt: große Freude! Atemberaubendes ist zu vermelden: In dieser Welt kursiert das „Evangelium"! Evangelium ist Botschaft ewiger Freude.

Einer der aufregendsten Sätze im Buch der Bücher verkündigt uns große Freude.

Was für ein Gefühl ist hier gemeint? An welch eine Emotion ist hier gedacht?

Kein Gefühl, keine Emotion. Das kann sich zwar daran entzünden. Die Antwort ist aber grundlegender und heißt:

„Denn euch ist heute (...) der Retter geboren" (Lukasevangelium 2,11°).

Die große Freude hat einen Namen, ist eine Person. Sie steht und fällt mit jenem Mann, den sie als Kind in die Krippe legten, der als Mann an ein Kreuz genagelt wurde. Er ist der, den die Christen den Sohn Gottes nennen, Jesus, der der Christus ist.

Nicht mit einem Ding haben wir es hier zu tun, sondern mit dem Schöpfer der Dinge, nicht mit etwas, was vergänglich ist, sondern mit dem, der ewig ist. Das ist der Anspruch des Neuen Testaments: Aller Freudenhunger dieser Welt kommt zur Erfüllung in ihm.

Dass Sie gern lachen, hat etwas mit Gott zu tun. Er ist der Schöpfer aller Dinge. Er ist auch der Schöpfer Ihrer Sehnsucht. Er steckt hinter dem Geheimnis, dass Sie gerne lachen.

ENTNOMMEN AUS:

Klaus Eickhoff
Freude
CV, Best.-Nr. 271 611

KLAUS EICKHOFF
Freude
WARUM WIR NICHT GENUG DAVON KRIEGEN

»Gepriesen sei der Gott und Vater unseres Herrn Jesus Christus. Er ist ein Vater von unendlichem Erbarmen und ein Gott voller Trost. In allem Druck, unter dem wir stehen, ermutigt er uns, damit wir unsererseits die ermutigen können, die irgendwie bedrückt werden.

Weil Gott uns getröstet und ermutigt hat, können wir andere trösten und ermutigen.«

2. Korinther 1,3-4

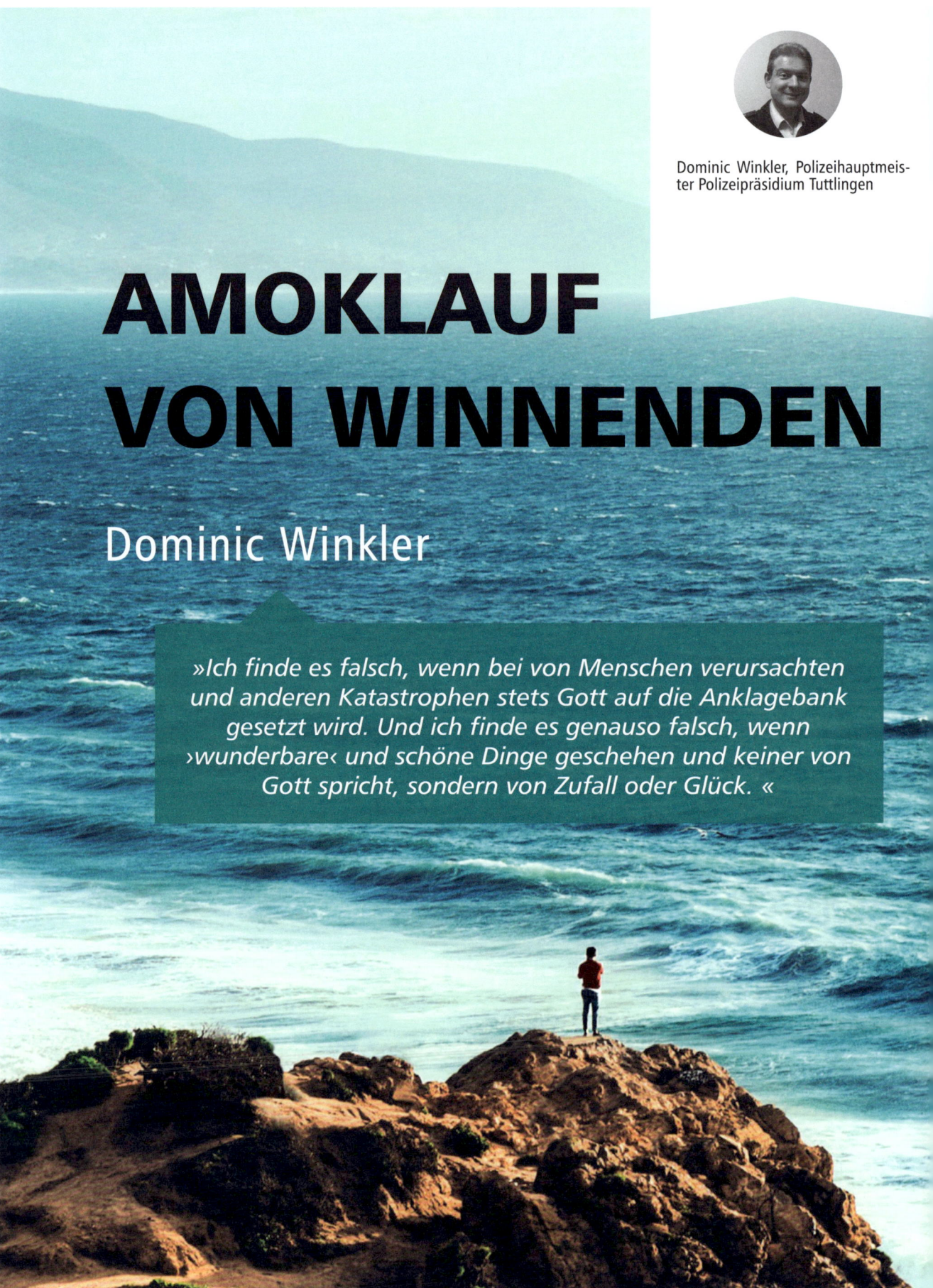

Dominic Winkler, Polizeihauptmeister Polizeipräsidium Tuttlingen

AMOKLAUF VON WINNENDEN

Dominic Winkler

»Ich finde es falsch, wenn bei von Menschen verursachten und anderen Katastrophen stets Gott auf die Anklagebank gesetzt wird. Und ich finde es genauso falsch, wenn ›wunderbare‹ und schöne Dinge geschehen und keiner von Gott spricht, sondern von Zufall oder Glück. «

Diese schreckliche Tragödie ereignete sich am Vormittag des 11. März 2009 in der Albertville-Realschule und deren Umgebung in Winnenden, rund zwanzig Kilometer nordöstlich von Stuttgart, sowie in Wendlingen am Neckar. Der siebzehnjährige Tim Kretschmer tötete fünfzehn andere Menschen und zuletzt sich selbst, nachdem er nach mehrstündiger Flucht von der Polizei gestellt worden war. Elf weitere Menschen, einige von ihnen schwer verletzt, wurden in Krankenhäuser eingeliefert.

Die Bereitschaftspolizei in Böblingen war von Anfang bis Ende in den Einsatz involviert. Auch bei vielen Beerdigungen und einer Gedenkveranstaltung haben wir Dienst verrichtet. Während einer Trauerveranstaltung kam ich mit einem verzweifelten jungen Mann ins Gespräch, augenscheinlich ein Angehöriger der Opfer, mit Tränen in den Augen. Er war dankbar für die Anwesenheit der Polizei und meinte schluchzend, er könne nicht verstehen, wie etwas so Schreckliches einfach so passiere. Darauf hatte ich natürlich auch keine Antwort, wünschte ihm aber viel Kraft in dieser schweren Zeit. Ich wollte ihm noch Gottes Segen wünschen und ihm sagen, dass ich für ihn beten würde, war mir aber nicht sicher, wie er das so unvermittelt aufnehmen würde. Der junge Mann sagte dann noch, dass ihm das Gespräch gutgetan hätte. Mich hat das sehr nachdenklich gemacht, zumal das Gespräch nur vielleicht zwei bis drei Minuten gedauert hatte.

Ich spürte eine tiefe Sinnhaftigkeit, als ich begriff, dass es dem jungen Mann geholfen hatte, einfach nur jemanden zu haben, der ihm kurz zuhörte. In der Folgezeit habe ich viel für die Angehörigen gebetet, dass der Herr ihnen Kraft und Trost schenkt.

Als Christ hatte ich aufgrund des Amoklaufs einige Diskussionen mit Kollegen, die mich fragten, wie Gott eine solche Wahnsinnstat denn zulassen könne. Ich erwiderte, dass ich Gottes Pläne nicht kenne, es aber bestimmt nicht Gottes Wille war. Gott hat uns als freie Menschen mit einem freien Willen erschaffen. Wir sind Menschen und keine Roboter. Ich finde es falsch, wenn bei von Menschen verursachten und anderen Katastrophen stets Gott auf die Anklagebank gesetzt wird. Und ich es finde es genauso falsch, wenn „wunderbare" und schöne Dinge geschehen und keiner von Gott spricht, sondern von Zufall oder Glück.

„Gott blickt vom Himmel auf die Menschen herab, will sehen, ob einer dort verständig ist, nur einer, der wirklich Gott sucht."
(Psalm 53,3)

ECHTER TROST

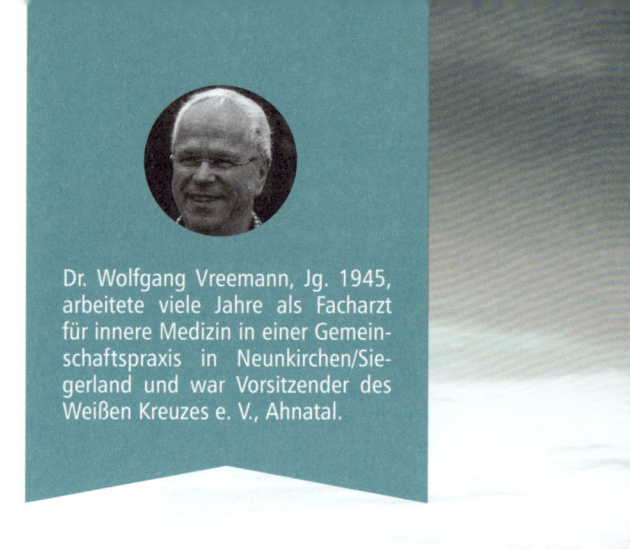

Dr. Wolfgang Vreemann, Jg. 1945, arbeitete viele Jahre als Facharzt für innere Medizin in einer Gemeinschaftspraxis in Neunkirchen/Siegerland und war Vorsitzender des Weißen Kreuzes e. V., Ahnatal.

Wolfgang Vreemann

Trösten bedeutet nicht, mal eben ein paar aufmunternde Worte oder gar leere Floskeln von mir zu geben. Damit kann ich meinem Gegenüber mehr schaden als nutzen. Trost braucht Zeit, Ruhe, innere Vorbereitung und mehr als nur Worte. Zur Vorbereitung gehört auch, dass ich mich frage: Ist Trost hier und jetzt und bei diesem Menschen nötig? Es gilt, dafür sensibel zu werden. Meist ist die Situation eindeutig, aber es gibt auch Fehleinschätzungen: z. B. bei dem, der wegen der Folgen seiner Sünde (wie Pornografie oder Ehebruch) verzweifelt ist. Einen Verzweifelten würde ich rein gefühlsmäßig zwar gerne trösten; das ist in diesem Fall für den Betroffenen aber keine echte Hilfe, sondern er kommt nur weiter, wenn er seine Sünde einsieht und bekennt und die Vergebung Gottes annimmt. Dahin muss ihn meine Seelsorge bringen – liebevoll, aber konsequent.

Der wirksamste Trost kommt von dem Seelsorger, der selbst schon in vergleichbaren Situationen den Trost durch Menschen oder durch Gott, seinen himmlischen Vater, erfahren hat. Ein authentischer Zeuge ist Paulus, wenn er in 2. Korinther 1,3-4 schreibt:

„Gepriesen sei der Gott und Vater unseres Herrn Jesus Christus. Er ist ein Vater von unendlichem Erbarmen und ein Gott voller Trost. In allem Druck, unter dem

wir stehen, ermutigt er uns, damit wir unsererseits die ermutigen können, die irgendwie bedrückt werden. Weil Gott uns getröstet und ermutigt hat, können wir andere trösten und ermutigen."

Ein selbst erlebtes Beispiel: Vor vielen Jahren lag ich einige Wochen lang als Patient mit einer ernsten Erkrankung im Krankenhaus. Ich hatte damals eine neue Bibel geschenkt bekommen und las – sobald ich dazu in der Lage war – die Psalmen durch. Jeden einzelnen Vers ließ ich auf mich wirken, und einige sprachen mich unmittelbar an, sie drangen wie ein warmer Scheinwerferstrahl in mein Innerstes. Ich fühlte mich dadurch gestärkt und getröstet. Es waren ganz intensive Empfindungen von Gottes Nähe, von seinem Reden zu mir ganz persönlich – so, als ob ich auf sehr starken Armen weiter getragen würde. Selten in meinem Leben habe ich solch einen inneren Frieden, ja, eine regelrechte Freude gespürt. Weil diese Psalmverse – es waren schließlich hunderte! – mir so wertvoll und wichtig wurden, nahm ich einen roten Stift, unterstrich die Worte und malte an den Rand ein großes rotes „T" (für Trost, den ich von meinem Vater im Himmel erhalten hatte). Später dann, bei Krankenbesuchen und bei Chor-Einsätzen in Altersheimen, Krankenhäusern und Fußgängerzonen, konnte ich immer auf diese „T"-Verse zurückgreifen. Wenn ich sie für andere zitierte, wurden plötzlich meine eigenen Empfindungen wach, und es war mir möglich, mit tiefster Überzeugung und voller Begeisterung den selbst erlebten Trost Gottes an andere weiterzugeben.

*»Unser größter Ruhm
ist nicht, niemals
zu fallen, sondern
jedes Mal wieder
aufzustehen.«*

Nelson Mandela

DA KANN MAN NUR STAUNEN

Joschi Frühstück

Joschi Frühstück, Jg. 1950, verheiratet, drei erwachsene Kinder, wohnt in Gernsbach (Schwarzwald). In Oberammergau (Obb.) geboren und aufgewachsen, absolvierte er nach seiner Lehre als Kfz-Schlosser eine dreijährige Ausbildung an einer Bibelschule. Weitere acht Jahre war er als Montageschlosser tätig. Nebenberuflich widmete er sich der christlichen Kinder-, Jugend- und Gemeindearbeit. Ab 1980 war er hauptberuflich als Referent der Barmer Zeltmission unterwegs. Seit Ende 2015 ist er im aktiven Ruhestand.

»Ich preise dich darüber, dass ich auf eine erstaunliche, ausgezeichnete Weise gemacht bin. Wunderbar sind deine Werke, und meine Seele erkennt es sehr wohl.«
(Psalm 139,14*)

Jahrelang litt ich unter Schmerzen an der linken Hand. Mitunter war es sogar schwierig, eine Gabel zu halten. Die Diagnose: Rhitzarthrose, eine entzündliche Abnutzung am Daumensattelgelenk. Nach vielen Versuchen, die Hand zu behandeln, blieb nur noch eine Operation als letzte Option. Anfang 2017 war es dann so weit. Vor der Operation gab es ein ausführliches Gespräch mit dem Handchirurgen. Er erklärte mir, was gemacht würde und wie der Daumen wieder brauchbar werden könnte. Die OP wurde angesetzt, und das sogenannte große Vieleckbein (Os trapezium) wurde entfernt.

Natürlich beschäftigte mich der Aufbau der menschlichen Hand sehr. Ich kam aus dem Staunen nicht mehr heraus. Was sich der Schöpfer da ausgedacht hat, ist sagenhaft. Wie viele Knochen gibt es allein in der menschlichen Hand! Alles greift fantastisch ineinander. Dazu die Sehnen und Muskeln. Sie machen es möglich, zu greifen, die einzelnen Finger zu bewegen, mit Kraft zuzupacken. Ein komplexes System, das mich von einem Staunen zum anderen bringt.

Solange man keine Probleme hat, schmerzfrei und kräftig zupacken kann, denkt man eigentlich kaum darüber nach. Aber was, wenn etwas nicht funktioniert? Wenn Schmerzen auftreten? Da überlegt man schon eher, was sich da tut. Es ist wirklich erstaunlich, wie genial das alles geschaffen ist.

Wenn man den Evolutionisten glauben soll, ist das alles nur zufällig so entstanden. Doch dafür braucht man wirklich einen großen Glauben. Ich bin zutiefst überzeugt, dass hinter alldem, was wir in der Schöpfung sehen, ein genialer Planer und weiser Schöpfer steht: Gott! Dieser Gott ist erfahrbar und für jeden zu finden, der ihn aufrichtig sucht.

»Ja, du lässt meine
Leuchte strahlen.
Der HERR, mein Gott,
erhellt meine Finsternis.«

Psalm 18,29

GLOSSAR

Altes Testament
Erster Teil der Bibel, beinhaltet die Schriften des Alten Bundes Gottes mit seinem Volk Israel. V. a. auf Hebräisch verfasst. Vieles weist hier bereits auf das Kommen von Jesus Christus hin.

Auferstehung
Kreuz und Auferstehung von Jesus Christus bilden das Fundament des biblischen Glaubens. Jesus Christus starb am Kreuz und wurde nach drei Tagen von Gott wieder lebendig gemacht.

Bibel
Besteht aus 66 Büchern, die in einem Zeitraum von ca. 1600 Jahren von über 40 Verfassern geschrieben wurden. Sie bilden eine erstaunliche Einheit, was die gemeinsame Quelle zeigt: Gott. Daher besitzt die Bibel absolute Autorität. Sie gliedert sich in zwei große Teile: das Alte und das Neue Testament. Durch die Bibel spricht Gott direkt zu uns Menschen und tut seinen Willen kund.

Buße
Veränderung des Denkens, Umkehr vom falschen Weg. Erkenntnis, dass wir Menschen von uns aus Gott nicht gefallen können, sondern Jesus Christus brauchen.

Erlösung/Errettung
Von Natur aus lebt der Mensch in Trennung von Gott. Aus diesem Zustand möchte Gott uns retten. Dazu sandte er seinen Sohn Jesus Christus, der stellvertretend für jeden Menschen am Kreuz das Gericht Gottes erduldet hat. Wer seine Schuld einsieht, Jesus Christus dies sagt und sein Erlösungswerk annimmt, wird gerettet.

Ewiges Leben
Göttliches Leben ohne Ende in der ewigen Herrlichkeit bei Gott, das man durch den Glauben an Jesus Christus erhält.

Gebet
Reden mit Gott, unabhängig von bestimmten Orten oder Zeiten. Das Gebet ist die Möglichkeit, Gott dafür zu danken, wer er ist (Anbetung), ihm Schuld zu bekennen (Bekenntnis), ihn für andere zu bitten (Fürbitte), ihm Danke zu sagen (Dank) und mit ihm über alle Dinge des eigenen Lebens zu reden.

Gericht
Die Bibel kündigt einen Tag des Gerichts an, an dem alle Menschen Gott Rechenschaft für ihre Taten geben müssen. Wer an Jesus Christus glaubt, wird vor diesem Gericht verschont werden.

Gott

Allmächtiger Schöpfer des Universums. Gott existiert in drei Personen: als Vater, als Sohn Jesus Christus und als Heiliger Geist. Er spricht zu uns durch die Bibel und durch Jesus. Gott lädt uns ein, in einer persönlichen Beziehung mit ihm zu leben.

Heiliger Geist

Eine der drei Personen Gottes. Er lebt in allen Menschen, die Jesus Christus als ihren Herrn angenommen haben, und hilft ihnen, ihren Glauben zu leben.

Himmel

Wohnort Gottes und Heimat aller Erlösten.

Hölle

Ort ewiger Gottesferne, in dem Menschen, die Jesus Christus nicht als Erlöser angenommen haben, nach dem gerechten Gericht Gottes enden.

Jesus Christus

Sohn Gottes, der aus dem Himmel auf die Erde kam, um Menschen von der Sünde zu retten. Er predigte, heilte und weckte Tote auf. Zuletzt wurde er gekreuzigt und gab sein Leben, um die Sündenschuld aller Menschen zu bezahlen. Nach seiner Auferstehung fuhr er in den Himmel auf. Von dort wird er eines Tages wiederkommen.

Neues Testament

Zweiter Teil der Bibel. Es berichtet vom Leben Jesu auf der Erde, seinen Nachfolgern und dem Entstehen der Gemeinde. Außerdem enthält es Briefe mit Anweisungen für Christen und das prophetische Buch der Offenbarung.

Sünde

Bezeichnet sowohl den allgemeinen Zustand des Ungehorsams gegen Gott als auch den konkreten Verstoß gegen ein Gebot Gottes. Die eigentliche Bedeutung des Wortes ist „Zielverfehlung". Bezogen auf Gott bedeutet Sünde, dass Menschen die Bestimmung, die Gott ihnen zugedacht hat, verfehlen. Das zeigt sich in der grundsätzlichen Lebensausrichtung. Jeder Mensch ist vor Gott schuldig und verdient den Tod als Strafe. Aber Jesus nahm diese Strafe stellvertretend auf sich.

Vergebung

Empfängt der Mensch von Gott durch das Bekenntnis seiner Schuld.

Versöhnung

Beseitigt die Trennung des Menschen von Gott und macht uns zu Kindern Gottes. Durch die Annahme des Opfers von Jesus Christus bekommen wir Frieden mit Gott und ewiges Leben.

DAS WORT FÜR HEUTE

Kostenlose Impulse zu
aktuellen Themen, DIN A5,
6 Seiten, erscheint monatlich

Abo-Best.-Nr. 272 713

je € (D) 2,50

Gott lässt sich erleben
Tb., 64 S., 11 x 16 cm
Best.-Nr. 271 079
ISBN 978-3-86353-079-2

Gott bringt Farbe ins Leben
Tb., 64 S., 11 x 16 cm
Best.-Nr. 271 355
ISBN 978-3-86353-355-7

Gott lässt sich finden
Tb., 64 S., 11 x 16 cm
Best.-Nr. 273 548
ISBN 978-3-86353-548-3

Gott bringt Hoffnung ins Leben
Tb., 64 S., 11 x 16 cm
Best.-Nr. 271 714
ISBN 978-3-86353-714-2

KURZ G-FASST

Klaus Eickhoff
Leben – und wozu?
Tb., 64 S., 11 x 16 cm
Best.-Nr. 271 153
ISBN 978-3-86353-153-9

Markus Wäsch
Leben nach dem Tod
Tb., 64 S., 11 x 16 cm
Best.-Nr. 273 973
ISBN 978-3-89436-973-6

je € (D) 2,50

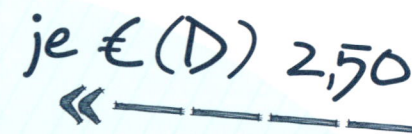

Ab 20 St. je € (D) 1,90

Hartmut Jaeger
Die Bibel
Tb., 64 S., 11 x 16 cm
Best.-Nr. 273 911
ISBN 978-3-89436-911-8

Markus Wäsch
Wo ist Gott im Leid?
Tb., 64 S., 11 x 16 cm
Best.-Nr. 271 199
ISBN 978-3-86353-199-7

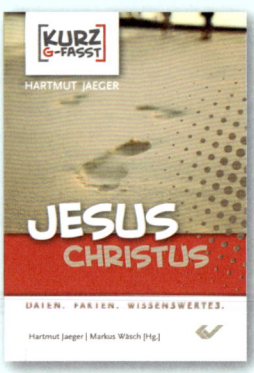

Markus Wäsch
Was bringt Religion?
Tb., 64 S., 11 x 16 cm
Best.-Nr. 271 102
ISBN 978-3-86353-102-7

Hartmut Jaeger
Jesus Christus
Tb., 64 S., 11 x 16 cm
Best.-Nr. 273 910
ISBN 978-3-89436-910-1

Markus Wäsch
Existiert Gott?
Tb., 64 S., 11 x 16 cm
Best.-Nr. 273 938
ISBN 978-3-89436-938-5